はじめてつくる「探究」の授業

「総合的な学習・探究の時間」を
極めるためのワークシート

佐藤 功 編著

大阪大学出版会

「総合ネイティブ」の大学生の皆さんたちと

　ある先輩教員は豪語します。

　「自分はこれまで教室で、チョークより重たいものは持ったことがない！」

　「チョークより」はオーバーだとしても、なるほど、教科書とチョーク、あとは豊富な経験と知識に裏づけられた語りだけで何十年も素敵な授業を行ってこられた先生たちは、数多くおられます。彼らからすれば、「ICT」も「アクティブ・ラーニング」も不要、そんなものなくても充分な学習効果を生徒たちに提供しているぞ──自負と実績をお持ちです。

　そんな方々ともこれから協働して「総合」の授業をつくっていく──若い皆さんなら、どこに「とっかかり」を見つけますか。

　「総合的な学習の時間」は、1998（平成10）年の学習指導要領の改訂に伴って導入されました。全国の小学校3年〜中学校と盲・聾（ろう）・養護学校（現、特別支援学校）の小・中学部では2002（平成14）年度から、高等学校と盲・聾・養護学校の高等部では2003（平成15）年度から実施されています。

　本書の著者たちはすべて、高等学校各校で「総合」や「探究」の中心組織を担ってきました。その経験から、こうすれば無理なく協働授業が行えますよ──多忙に悩む教員向けの「総合・探究ワークシート＋指導書」を発刊した経験をもつメンバーです。（※）

　そんな私たちの「高校教員向け」前著が、いくつかの大学で、教職授業の「教科書」として使用されているとの報告を受けました。教育職員免許法及び同法施行規則の改正（2019（平成31）年施行）に伴い、教員免許状を取得させる大学では、「総合的な学習の時間の指導法」が必須となりました。「総合」や「探究」を教えられる教員の育成に取り組むため、各大学とも試行錯誤をされていますが、確かに、私たちの「高校教員向け」前著は、学校現場での実践事例が豊富なのでイメージがふくらみます。「大学の授業用ワークシートとして再編集できませんか」という声に応え、新しく編みなおしたものが本書です。

いま、本書を手にとってくれている皆さん方の多くは、生まれたときから総合的な学習の時間があった「総合ネイティブ」の世代。それは、生まれたときからケータイがあったという「デジタルネイティブ」ともほぼ同義です。

　これから、学校における「不易」と「流行」をしっかり確かめる作業をご一緒しましょう。1人でも多くの、「総合・探究に強い」教員――協働してともに授業を創ってくれる人――輩出に寄与できるなら、著者たちにとってこのうえない喜びです。

著者を代表して

佐藤　功

（※）本書内の生徒向けワークシートや論考の初出は、かつて著者たちが高校教員を対象に作成した〈佐藤功編著（2021）『現場発！　高校「総合探究」ワークを始めよう』　学事出版〉です。本書はそれをもとに、教員免許取得をめざす学生の皆さん向けに書き下ろしたり、一部改稿したりしています。めでたく中学、高校の教員となられた際には、教員向け書籍である同書もぜひ参照ください。

はじめてつくる「探究」の授業
〜「総合的な学習・探究の時間」を極めるためのワークシート〜

第1章　理論編

01 「総合」そして「探究」を考える

02 「探究」を真に「探究」にするには

第2章　実践ワークシート編

第3章　「総合」「探究」を考えるためのワーク

第4章　さあ、「探究」の授業をつくってみよう

本書の「使い方」

　本書は実際の「総合的な学習の時間論」の講義で使われた内容を中心に再編集したものです。

　講義のワークシートとして適宜使用するほか、前後の独習書として、また、「総合」や「探究」の模擬授業を構想する際に適宜該当するページをご使用ください。

○**第1章**の2論考はもちろん最初に学習してもよいですが、「探究」学習を進めるなかで「もやもや」が生まれたとき、関連する部分からお読みいただいてもかまいません。

○**第2章**は、実際に高校の授業で使用した「生徒向けワークシート」です。もちろん、自由な発想に依拠する「総合」や「探究」ですから、それぞれアレンジしてご使用ください。例えば、本書ワークシートで「まとめ・表現」の方法が「プレゼンテーション」となっているものを、「ポスターセッション」や「動画作成」で行う、等、想定する生徒たちの状況や獲得すべき目標に応じてご変更ください。

　大学の講義で使用する際は、以下の段階的使用が考えられます。

　・第1段階　生徒になったつもりで、ワークシートを使って授業を受ける。
　・第2段階　教員になったつもりで、ワークシートを使って授業を行う。
　・第3段階　教員になったつもりで、ワークシートをアレンジして授業を行う。
　・第4段階　教員になったつもりで、自由にワークシートをつくって授業を行う。

　正答や解説は下記HP内「指導書」（※）をご参照ください。

○**コラム**は、「探究」に取り組む際によくある疑問や悩みについて取りあげました。「これぞ正解」というものではなく、議論のタネとしてご使用ください。

○**第3章**は、実際の授業で取りあげた「探究」についてのワークシートです。
　空欄部分の回答例や解説等は、HP内の「指導書」（※）をご参照ください。

○**第4章**は実際に「探究」の授業をつくる際のガイドブックです。そもそも「探究」に既成のワークシートはそぐわない。本書を参考のうえ、自由に授業を組み立ててください。

（※）本章を使用する際の留意点等を示した「指導書」は、大阪大学出版会内のHPから見ることができます。各ページに記載されている【パスワード】を使用し、独習や、模擬授業等を行う際の参考にしてください。

第1章

理 論 編

01 「総合」そして「探究」を考える

札埜 和男

1 「探究」が重要視される背景

　「総合的な探究の時間」（以下「探究」と称す）に似た内容は告示前に一部の進学校では実施されていた。例えば「堀川の奇跡」として知られる京都市立堀川高校は、1999年に設置された「探究」が〈売り〉であった。当時校長であった荒瀬克己氏は文部科学省初等中等教育分科会委員を務め、現在、独立行政法人教職員支援機構理事長である。筆者の元勤務校はSSH（スーパーサイエンスハイスクール）に4期連続で指定を受けた進学校だったが、第4期申請の際に文部科学省から、新しい科目を念頭に置いたカリキュラムを中心に計画を出すように示唆されていたのか、文系科目として「古典探究」、「歴史探究」といった科目が生まれた。筆者は既に2016年度に「古典探究」を担当している。したがって「探究が注目されている」といわれても、何を今更という感があった。まずSSH、SGH（スーパーグローバルハイスクール）といった指定を受けた一部進学校で「探究」を先取りして行い、それから遍く普及しようという計画だったであろうか。

　『高等学校学習指導要領（平成30年告示）解説　総合的な探究の時間編』の「第1節　1改訂の経緯」には「今の子供たちやこれから誕生する子供たちが、成人して社会で活躍する頃には、我が国は厳しい挑戦の時代を迎えていると予想される。（中略）また、急激な少子高齢化が進む中で成熟社会を迎えた我が国にあっては、一人ひとりが持続可能な社会の担い手として、その多様性を原動力とし、質的な豊かさを伴った個人と社会の成長につながる新たな価値を生み出していくことが期待される」（文部科学省2019 p.1）とある。未知の時代に向けて生きていく力をつけるために改訂され、その1つとして「探究」が設けられた、ということになるのであろうか。「総合的な学習の時間」（以下「総合」と称す）では「探究的な学習」が重要であるとされてきたのだが、「総合的な探究の時間」にシフトした背景には「探究のプロセスの中でも『整理・分析』、『まとめ・表現』に対する取り組みが十分ではないという課題があること」、「本来の趣旨を実現できていない学校」があることなどが挙げられている（文部科学省2019 p.6）。中央教育審議会の「生活・総合的な学習の時間ワーキンググループ」委員の一人として、黒上晴夫（関西大学総合情報学部教授）は次のように語った。「…今後AI（人工知能）が進化すると、定型的な業務は次第にAIに代替され、多くの人が知的創造性の高い仕事や、高次の判断が必要な仕事に就くことが求められるようになるといわれています。その時に必要とされるのは、知識の量だけではありません。さまざまな事象に対して何が問題であるのか、すなわち課題を設定し、課題解決に向けてさまざまな知識や情報を取り込みながら分析を行い、思考を巡らせ、課題の解決に導いていく、そういった力が必要不可欠となります。そして、まさにそうした力を身につけさせることをねらいとしているのが、探究学習なのです」（黒上2016 p.5）。

文脈からは一部の知的能力に秀でた高校生だけを対象にしているように読めるが、決してそういうことではなく、黒上曰く「こちらとしてはどんな生徒であっても、『学び』に出会わせることを大事にしている」ということであった⁽¹⁾。「学び」に出会うことでどんな生徒でも探究の見方、考え方は身につくということである（「『学び』に出会わせる」とは、「生徒が、確かにこれは自分自身の問いだ、という問いに巡り合う機会をつくること」であるといえるだろう）。

2 「総合」と「探究」の違い

　高等学校における「総合」（平成21年告示）と「探究」（平成30年告示）の目標を比較してみよう。

表　目標からみた「総合」と「探究」の違い　（記号、太字は筆者による）

科目	総合的な学習の時間	総合的な探究の時間
目標	横断的・総合的な学習や（A）**探究的な学習**を通して、自ら課題を見付け、自ら学び、自ら考え、主体的に判断し、（B）**よりよく問題を解決する資質や能力を育成するとともに、**学び方やものの考え方を身に付け、問題の解決や探究活動に主体的、創造的、協同的に取り組む態度を育て、（C）**自己の在り方生き方を考えることができるようにする。**	（a）**探究**の見方・考え方を働かせ、横断的・総合的な学習を行うことを通して、（c）**自己の在り方生き方を考えながら、**（b）**よりよく課題を発見し解決していく**ための資質・能力を次のとおり育成することを目指す。

＊ p.14の図参照。

　「総合」に対し「探究」は（A）「探究的な学習」から（a）「探究」となっている。（C）「自己の在り方生き方を考えることができるように」なれば良かった「総合」に対して（c）「自己の在り方生き方を考えながら」となり、これが前提になっている。また「総合」は（B）「よりよく問題を解決する資質や能力を育成するとともに」と付随的だが、「探究」では（b）「よりよく課題を発見し解決していくための資質・能力を次のとおり育成することを目指す」と目的化している。（B）「問題を解決する」のではなく（b）「課題を発見し解決する」とある。両者を見比べると「総合」に比べ「探究」はより「学問的」になっているといえるだろう。「探究」の「第2節　内容の取扱いについての配慮事項　第3　指導計画の作成と内容の取扱い」にも「課題の設定においては、生徒が自分で課題を発見する過程を重視すること」（文部科学省2019 p.47）とあるので、教員側が問いを設ける形ではないことがわかる。つまり「探究」で身に付けさせようとするのは「課題の発見、およびその解決」に関わる力ということになる。

　ただ、「課題を発見する」ことは高校生にとって、いや大学生にとっても至難の業である⁽²⁾。課題をどうやって見つけるかであるが、黒上によると課題設定の際に高校生で一番よく出てくるのが「何の関心もない」という答えだという。「だったら『関心の種を作ろう』というところから始めるスタンス」であり、「関心の種」を作る有効な教材として「道徳のジレンマ教材」を挙げる。ベネッセが発行している『未来を拓く探究シリーズ　探究ナビ　教師用』を見ると、「探究の実践」

として高校生レベルに合わせて比較的わかりやすい表現で記されている（この本は大学生でも使える）。

　総合では「資質・能力」の中の「態度」も重要視される。古いデータだが、文部科学省初の総合的な学習の時間に関する研究開発指定校であった越ヶ谷小学校（埼玉県）の研究結果によると、同小の児童は「熱心にがんばる」、「計画を立てられる」、「大人と話せる」、「人に優しくする」、「約束を守ろうとする」、「わかりやすくまとめる」、「取材がじょうずになる」、「生活に生かせる」といった項目で、対照校より2倍以上の自己評価だったという（吉崎2004 p.46）。いずれも「態度」に関わることである。現場経験のある大学教員の中には、小中学校では「態度」を育て、高校では「実行する力」を養う、と解釈している人もいる。しかし黒上によれば、そういう意図ではないらしい。今回の改訂で各教科等の目標・内容が「知識及び技能」、「思考力、判断力、表現力等」、「学びに向かう力、人間性等」という三つの柱で整理されたが、それらのうち「学びに向かう力・人間性等」はそのまま受け取ると「態度」になる。けれども本来目指すところは態度ではなく「力」であり、それは、何かと何かを関連付ける能力、つまりメタ認知の能力であり、この育成は小学校段階から意図しているという。「知識・技能」に則していうと、小学校でもインタビューをするにあたって、どういう行動をとるかどういう手続きをするか、そういったノウハウは身に付ける「知識」になる（恐らく小学校教員はそこまで意識されていないだろうが）。手続き的知識も小学校段階から身に付けることで高校に行ったら、また違ってくるであろう、ということであった。したがって小中と高で切れているのではなく、小学校の時から種を蒔いて螺旋の学習が始めるイメージである。

　黒上のことばを借りて整理すると「学問の方法は教科で学び、その方法を1つだけでなく必要に応じて組み合わせて使う、それが探究の見方になる。『総合』では実用の学問を身に付ける、『探究』では組み合わせて応用する」ことになる[(3)]。

③　多様な実践が生まれる可能性

　「探究」は「各学校において定める目標については、各学校における教育目標を踏まえ」（文部科学省2019 p.26）とあり、「職業や自己に関する課題などを踏まえて設定すること」（文部科学省2019 p.31）ともある。とすると、「探究」が「総合」に比べより学問的であっても、実際に現場で展開される「探究」が学問的か否かは甚だ疑問である。恐らく「大学レベル並みの、きわめて学問的な探究」を実施する学校（SSHやSGHなど、探究のノウハウを持つ一部の進学校）や、「従来の進路学習を探究と称して」深く実施する学校（専門学科を持つ学校）、「それら二兎を追う学校（例えば大学附属高校）」、「深化した学問や進路メインとは異なる探究」を実施する学校（前述の3種類以外の学校）の、大別すると4パターンの探究が生まれるのではなかろうか。実際に各学校の目標を踏まえた「探究」を計画できるのであるから、その学校に応じた「探究」になるであろう。「深化した学問や進路メインとは異なる探究」を行う学校において、これまでの進路中心の「総合」をやめ、実質的な「探究」を模索する学校が現れたり、地域との連携で成果を挙げる学校も出てきている[(4)]。今後の「探究」は「深化した学問や進路メインとは異なる探究」を実施する学校が、それぞれの学校現場に応じてどのような探究を生み出すかによって、方向性が変わっていくように思われる。そういう意味で「探究」は「多様性」を生み出す可能性を持つ「教科」だといえる。

4 今後予想される問題点

　最後に、これから起きてくるであろう、考えていかねばならない問題点を4点挙げておく。大きく分けて内容、教員、指導、進路に関する問題点になる。

　まず1点目は内容に関する問題である。果たして高校の教科レベルで、見方や考え方も含めて学問の方法を教えることができるのか、ということである。暗記中心、問題演習中心のスタイルの授業をしてきた教員にとってはとまどいが大きいだろう。筆者はもともと現場では国語科教員であったが、法学部政治学科出身である。大学で培った政治学的なものの見方、考え方をどんな学力の高校生にでも身につけさせることができるか、といわれると心許ない。学問の方法は教科で教えるゆえに、教科にも「探究」が生まれたのであろうが、「探究」以外に教科でも「探究」をしなければならないのか、という現場教員の溜息が聞こえてきそうである。内容の中身自体も試行錯誤が続くことであろう。高校での「総合」の実態については、高橋（2019）によると「あまり印象に残っていない」、「全く印象に残っていない」が質問紙調査の回答者の7割強を占め、学習内容は修学旅行の事前事後指導、進路学習が中心であり、学習方法は「書籍・資料を読む」、「インターネットの検索」などの資料検索や読解が多く、学んだことは「自分の将来の進路がはっきりした」ことが最も多いという（高橋2019 p.52）。実態は「探究的」であるとはいえない。今回学習指導要領に「職業や自己に関する課題などを踏まえて設定すること」という文言があることで、「深化した学問や進路メインとは異なる探究」を実施する学校の中には、従来通りの進路に関する調べ学習に終始する学校が出てくる可能性は否めない。

　2点目は教員に関する問題点である。まず教員側に「研究の作法」を教える能力があるかどうか、という問題、またそのような能力のある教員をどれだけ揃えられるかといった問題がある。「生徒の多様な課題に対する意識を生かすことができるよう配慮する」（文部科学省2019 p.41）ためには、基本的に個別指導となる。さらに「全教師が一体となって指導に当たる」（文部科学省2019 p.57）となれば全教師に等しく同じ質の能力が必要とされる。また「探究」で求められる方法は、多くの高校教員に「コペルニクス的転回」を余儀なく迫ることになるのではないか（先進的な取り組みに意欲的な教員は「探究」で求められることは既に行っているであろうが）。「探究」には「マニュアル」が存在しない。学問的である以上、創造していかなければならないわけである。果たして「働き方改革」が取り沙汰される中、「探究」に意識が向かうのだろうか。労働環境がそれを許すだろうか。ある高校教員のことばを借りれば「探究は決して予定調和に運ばず、予定通りにいかない分も視野に置いて余裕をもって取り組むもの」である。研究の成果などすぐに現れるものではない。そのような時間的余裕を学校現場は持てるのであろうか。

　3点目は指導の問題点である。「探究」の取り組みにおいて、学校によってはNPO法人に「丸投げ」であったり、携わる中には「学校の教員はすぐに教えたがるから、関わってもらわなくてよい」という人もいる。多忙さや関心の無さから、教員の個別指導や全体であたる指導どころか、「探究」において教員が指導に関わらないというところも出てくることが予想される。ここでいう**教員の指導性とは、答えを示すことでも手取り足取り教えることでもない。生徒が問いの立て方や調査研究の方法で迷った時に、一緒に考えたり支えたりする姿勢である。**先輩の成果物や仲間のやり方からヒントを得るといった生徒間の学び合いも大事であるが、教員がどう関わるかというスタンスは問われるだろう。

　4点目は進路に関する問題点である。これは「進路に関する危惧」とも表現できる。ある中堅校の教員は語る。「いずれ『探究』を先取りする進学校の生徒たちによって、これまで『総合』や『探究』などで頑張ってきた中堅校の生徒たちが、AO入試や各種コンクールから押し出されるのではないか。ペーパーの学力で勝負してきた知的エリートが、今後『探究』の浸透により、大学レベルの『探究』の成果を引っ提げて同じ土俵に上がってきたら、今まで土俵としてきた場でも、弾き飛ばされる恐れが……」。

　筆者は前述の通り、進学校に10年間勤めていたが、当初はほとんど見向きもされなかったAO入試や指定校推薦に、年々出願する生徒が増加していった。今後「探究」が浸透することによって、「進学とコンクール」市場でも進学校生徒が席捲する時代が来るかもしれない。

注
(1) 2020年4月11日zoomにて本書編者・佐藤功（大阪大学）とともにインタビューを実施した。
(2) 最も至難の業である「課題発見」に焦点を当て丁寧に解説しているのが日本図書館協会編『問いをつくるスパイラル　考えることから探究学習をはじめよう！』である。問いをつくれ、と言ってもつくれない場合はどうしたらよいか、についても対応方法が掲載されている。
(3) 「東進ハイスクールの林修がチャートを示す形ではなく、自分でチャートを作れる子供を育てるのが探究」（黒上の例え）。
(4) 兵庫県のある私立高校では「人文探究」において模擬裁判を軸にしたプランを一時期実施しており、筆者は外部講師として関わっていた。宮崎県立飯野高校は「実践型地域課題解決学習」により地域とつながることで成果を収めている。黒上はほとんどの学校の参考になる手本として大阪の私学・清教学園高校での「タラントン」（清教学園高等学校探究科卒業論文のデザイン）の取り組みを挙げる。「どんな高校でも探究の入り口、モデルとして参考になるだろう。先輩がどんなふうに卒論をやり始めて、どんなふうに自分なりの意見や考えを作っていったかとかを図書館で閲覧できる」という。

（参考文献）
鬼沢真之・佐藤隆（2006）『未来への学力と日本の教育⑥学力を変える総合学習』明石書店
黒上晴夫（2016）「問題解決的な『探究学習』がこれからの時代を生きる力を育む」ベネッセ編『VIEW21』10月号 pp.4-9
黒上晴夫他編（2016）『未来を拓く探究シリーズ　探究ナビ　教師用』ベネッセ
高橋亜希子（2019）「高校での学習に関する大学生への回顧質問紙調査ー総合的な学習・授業形態・自主活動・高校での学びに関してー」南山大学紀要『アカデミア』人文・自然科学編　第18号 pp.37-55
日本図書館協会図書館利用教育委員会図書館利用教育ハンドブック学校図書館（高等学校）版作業部会（2011）『問いをつくるスパイラル　考えることから探究学習をはじめよう！』
文部科学省（2019）『高等学校学習指導要領（平成30年告示）解説　総合的な探究の時間編』学校図書
吉崎静夫（2004）「総合的学習の学力」黒上晴夫編『教育改革のながれを読む』関西大学出版部 pp.39-51

謝辞
黒上晴夫先生にはご多忙のところ、インタビューに応じていろいろとご教示いただきましたこと、お礼申し上げます。

02 「探究」を真に「探究」にするには

首藤 広道

■1 「探究」における課題設定

　前掲の札埜論文によれば、未知の時代を生き抜く力をつけるための核が「総合的な探究の時間」ということである。課題の設定→情報の収集→整理・分析→まとめ・表現→新たな課題設定→という発展的な循環が「探究」のめざす学習モデル（高等学校学習指導要領（平成30年告示）解説「総合的な探究の時間編」）である。「どんな生徒であっても、学びに出会わせることを大切に」考えて（黒上）、構成されたものであるというが、多くの高校生にとって興味・関心のありかは必ずしも学校教育の中にあるとはいえない。興味関心の対象はきわめて多様で、例えば受験に役立つという功利的な目的以上に学びを喚起するのは至難の業である。「課題設定の際に高校生で一番よく出てくるのは「何の関心もない」という答え」（黒上）というのはうなずける。「何の関心もない」生徒が「学びに出会う」、つまり「探究」の入り口に立つには何が必要なのだろうか。

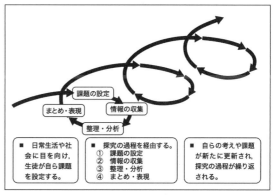

探究における生徒の学習の姿

図A　高等学校学習指導要領（平成30年告示）解説
「総合的な探究の時間編」12頁

　コロナ禍で緊急事態宣言が発出されたとき、全国で休校措置が拡大して俄かに注目を浴びたのが、「9月入学」であった。学校に行けないという不利益を被っている高校生たちがネット上で署名活動をはじめ、9月入学を求めた。一部の政治家や教育評論家が「かねてから私は9月入学論者」「日本社会を大きく変えるチャンス」「今やらないとできない」とこれに飛びつき、メディアもこぞってとりあげた。「日本は学制が始まった当時は9月入学であった」「会計年度に合わせる中で入学時期も4月になった」などが伝えられ、私たちの知見は広がった。この話の始まりは、新型コロナウィルスによって日常の学校生活を奪われた高校生たちが、自らの学校に行く権利（学習権はもとより広く幸福追求権ととらえてもいい）の保障を行政に求めたもので、権利主体である高校生たちの当事者性の発露である。高校生の間でもネットなどで賛否両論、議論が広がったが、権利主体の当事者性があればこそである。

　この事例は探究の「課題設定」、言い換えると「テーマ」設定の方法に示唆をあたえてくれる。牽強付会（強引なこじつけ）の誹りを覚悟で話をすすめるが、「9月入学」は探究の課題になりうるだろうか。生徒・学生でいる間は、当事者性は担保されよう。切実度・温度差ということでいえば、「平時」といわば「非常時」ともいえるコロナ禍の最中では学びに向かう姿勢

は異なってくるだろう。また、「9月入学」という4字だけでは茫洋としている。「9月入学は日本の教育を変えるか」とテーマを長くするとどうだろうか。研究者としてのテーマ設定としてはありかもしれないが、どこか当事者性に欠ける。やはり、生徒たちにとって切実なのは、「9月入学は私たちの学校に行く権利を保障するものになりうるか」ではないだろうか。そのテーマ設定の中には、9月入学という制度の問題と、「学校に行く権利を保障する」という権利主体の2つの課題設定がある。権利主体である高校生は当然、自らの問題として向き合わなければならないのである。

　こうして考えると、生徒たちが探究の入り口に立つ、すなわち課題設定にあたっては、学ぶ主体である生徒が自らの権利を自覚し、当事者性をもって考えることのできるテーマがよりふさわしい。学習指導要領は、課題設定にあたっては、「実社会や実生活と自己とのかかわり」から課題を立てることを求めている。これは、第1次安倍政権が2006年に改定した旧教育基本法第2条（教育の方針）の「実際生活に即し」にかわるものであるとして意識したい。実際生活に即した自らの権利、あるいは生活要求に基づく願いに沿ったテーマに昇華されるとき、生徒たちの「探究」は始まるのではないだろうか。その際には、「互いの良さを生かしながら新たに価値を創造し、よりよい社会を実現しようとする態度」（学習指導要領　目標（3））を養うとする趣旨をふまえ、社会に参画する視点を重視したい。日本の若者の選挙における投票率の低さは社会参画の意識の低さと通底していると思われるが、今次学習指導要領改訂にあたっては、日本の若者の「自らの参加により社会現象が変えられるかもしれない」という意識が欧米諸国に比べて低い（教育課程説明会〈中央説明会〉における文部科学省資料）ということが意識されている。探究の趣旨は高校生の社会参加と成長を意図していることにも留意したい。

２　新学習指導要領の「資質・能力」論と道徳化

　ここで改めて、学習指導要領（2018（平成30）年告示）について検討しておきたい。今回の指導要領の特徴は、「学力の3要素」（「知識・技能」「思考力・判断力・表現力」「主体的に取り組む態度」）に基づく、「何ができるようになるか」という身に着けさせるべき「資質・能力」がまずあり、それに従属する形で、「何を学ぶか」（「歴史探究」など探究と名前のついた科目）、「どのように学ぶか」（「主体的・対話的で深い学び」など）という形になっている。この「資質・能力」こそは、「未知の時代に向けて生きていく力」（札埜論文）ということであるが、この「未知の時代」なるものは、グローバル競争の奔流渦巻く国際社会である。文科省の中教審への諮問資料や中教審答申を見ても、日本の経済的な地位の低下に対する危機意識は強い。そこを背景にして、学力という概念は国家の政策として学校教育法や学習指導要領によって規定

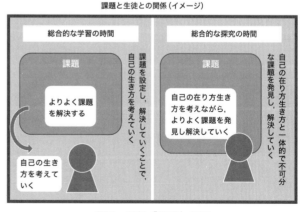

課題と生徒との関係（イメージ）

総合的な学習の時間

課題

よりよく課題を解決する

自己の生き方を考えていく

課題を設定し，解決していくことで，自己の生き方を考えていく

総合的な探究の時間

課題

自己の在り方生き方を考えながら，よりよく課題を発見し解決していく

自己の在り方生き方と一体的で不可分な課題を発見し，解決していく

図B　前掲「解説」9頁

され、日本の子どもたちは、過酷なグローバル社会の中で生き抜くためにふさわしい資質と能力を身に着けるように学ばされる。そして、この社会は変革できない所与のものとして、その中で生き抜く力を育てるよう教員は求められている。

　必要なのは社会を変革しうるものとしてとらえうる批判的な精神と未来への希望をもてる学びではないだろうか。

　もう1点注意したいのは、道徳化の流れである。今回の新指導要領は、2006年に「伝統と文化を尊重する」「我が国と郷土を愛する」国民育成を目標にすえて改定された教育基本法の集大成という意味をもつ。道徳は小中では教科に格上げされ、高校では「道徳教育推進教師」をおき、各教科や特別活動、「公共」などの科目を通じて横断的に取り組むこととされている。

　「探究の課題と生徒との関係」（図B）には、探究の時間は、「自己の在り方生き方と一体的で不可分な課題を発見し、解決していく」、課題の中には「自己の在り方生き方を考えながら、よりよく課題を発見し解決していく」と書き込まれ、さらに「自己のキャリア形成とも関連付けながら」と説明されている。

　この「在り方・生き方を考えながら」が道徳教育的に特定の価値観を善として注入され、それに自己の人格の完成を合わせるような同化が起こるのではないかという懸念を持つ。日本社会は個人の権利意識が弱く、同調圧力が強い。コロナ禍では、自粛しない者に対して、その背景・事情を顧慮することなくバッシングを浴びせるネット空間の言説があらわになった。教育における「人格の完成」とは意味深い言葉であるが、どのような人格として成長するかは、生徒たちが天賦のものとして与えられた権利に基づいて、自分たちの主体的な判断と選択、自己決定にゆだねられているはずである。新学習指導要領は、ともすれば「在り方」「生き方」教育の形をとって人格の完成を道徳教育の中に回収してしまう危険性をもつのではないだろうか。「温暖化対策では、一人ひとりができることをやっていきましょう」というような個人の問題に終わってしまってはならないのである。

3 「探究」における「他者性」・「多様性」と「政治的判断力」

　次に、実際の学習指導上の留意点を検討したい。「探究」では、知識注入ではない生徒の主体的な学びを目指したい。「見方や考え方も含めて学問の方法を教えることができる」（札埜論文）ならば、それは画期的なことになるだろう。学問は真理の探究である。数学の難問に多くの学者が挑戦し、難解な理論を数百ページも展開するのは知的好奇心を満たす数学的真理の追究である。その過程には未知なるものへの解明に対する強い情熱と信念があるが、平たく言えば真理の解明に人はワクワクするのである。

　一方、自然科学的な真理は1つに絞りやすいが、社会科学では真理は必ずしも1つとはいえない。「戦争はやってはならない」という命題も、その戦争が侵略戦争なのか自衛戦争なのか定義の仕方によって、いろいろな意見にわかれてしまう。しかし、ゆるがせにできないものは、「他者の人権・権利を不当に侵害してならない」ということ、さらに権利と権利が衝突した際には「公共の福祉」の原理で調整するという社会の基本的な原則である。これがないと社会は無法地帯となり、個人の生存は危機にさらされる。

　自分の人権・権利、他者の人権・権利を尊重する姿勢、すなわち他者性の認識は、「探究」の

みならずあらゆる生活の場面で必要である。特に「探究」においては、生徒の議論の結論が道徳的に回収されてしまわないためにもぜひ必要な視点であることを強調しておきたい。本書の「食品ロス」を例にとりあげるならば、生徒が結論として出すと思われる「食べ物は粗末にしないようにこころがけましょう」ということには誰も異議を唱えないだろう。こうした陳腐な結論で終わりとはならないだろうが、時間の制約と教員の取り組みの強弱の中で十分に深められないことも予想される。そうならないために必要なのが、他者性の認識だと考える。新学習指導要領解説には、「質の高い探究」の在り方として「高度化」「自律化」の2つの点を指摘している（「解説」9頁）が、他者性の視点は明示されていない。「自分にとってのかかわりが深いこと」と「社会参画」の視点があり、「社会参画」に必要な視点が他者性である。

　食品ロスはさまざまな他者性、いいかえると立場が見えてくる課題である。消費者、生産者、小売業者、メーカー、国、自治体…さまざまな立場がある。それぞれに主張や背景があろう。おそらくその中で、「食品ロスをできるだけ減らそう」というのは一致できる合意点になりうる。それぞれの立場を意識することで、課題解決を心がけの問題に回収せず、問題を構造的に把握しながら、具体的に自分に何ができ、何をすべきかという問いが生まれる。同時に、社会はどう取り組むべきかという課題がでてくる。さらに、課題に取り組む社会をつくるために自分は何すべきかという問いがうまれる。こうして、他者性を意識することで、自他の権利を尊重しつつ共存できる社会をつくるために自分と社会は何ができるか、あるいはすべきか、そしてそういう共生の社会をつくるためにどんな取り組みが必要なのか、という問いが生まれてくる。深い学びは、そうした問いの循環の中で成し得ていくものだという視点が大切なのである。

　探究の学びの場に「意見の多様性」「解の多様性」を担保することも同様である。人間社会では真理は1つではない。「探究」の学びにおいては、生徒の自由な発言に基づく「対話的な学び」が特に重要だろう。生徒が発言を臆するようでは、「深い学び」にはつながらない。たとえ拙く幼い意見でも生徒の発言は最大限保障されなければならない。また、何かの結論を出すにおいても少数意見も尊重されることは重要である。「たとえ多数決であっても個人の意志を決めることはできない」という原則は確認しておかねばならない。

　次に大切な視点は、政治的判断力の課題である。これは他者性の認識や多様性の担保につながる問題でもある。課題解決にあたって、かならず必要になるのは権利と権利の衝突をどう調整するかという問題である。その原理となるのは、「公共の福祉」という憲法の考え方であるが、先ごろのコロナ禍でも、行動の自由や営業の自由を制限され、それによって生じた損失の補償はどうするのかというリアルな課題が社会に突き付けられたことは記憶に新しい。私権を制限せざるをえないとき、どうやって調整するのか。それは個々具体的なケースで、どう折り合いをつけるのか、私権を制限された人々に何をどう保障をするのか、その調整が求められる。政治とはまさにそうした調整の過程である。政治的判断力とは自他の権利を最大限尊重しながら、個人や社会がどう行動するか、対策を立てるか、その最適解・納得解を得ていく基礎となる。「探究」の場面では、例えば課題解決にあたって、複数の取り組みが提案されてどちらかを選ばないといけないとき、そのどちらを集団として選択するかという課題につきあたる。本当に自分はそれを望むのか、他者はどうか、その選択は自他の権利を保障するものになるか、私権を制限するとき、その保障はどうするのか、それは極めて重要な政治的判断を伴うことであり、決して政治家の専売特許ではないのである。

もう1点、政治的判断力についてミクロな視点を提起しておきたい。それはクラスの人間関係に関わる問題である。クラスの中にはそれこそさまざまな政治的力学が働いている。ＡさんグループとＢさんグループの確執、Ｃさんの孤立…などは日常の光景である。他者性の認識や多様性に基づく自由な発言は探究学習の基本であるが、学習単位の中にある政治的な力学、人間関係にひそむ権力性を探究の中で生徒が意識化し、相対化できるようになることが望ましいといえるだろう。お互いに気がねなく意見が言いあえる探究の学びの中で、生徒が無意識のうちに縛られている権力性（これは教員による権力性も含めて）から自由になれるような学びをめざしたいものである。

4　探究における教員の指導性の課題

　最後に、「探究」を指導する教員の指導性の課題について述べたい。「解説」には「内容の取扱いについての配慮事項」として教員の指導の在り方について記述されている。「課題設定や解決方法を教員が必要以上に教えてしまう」ことを踏まえ、生徒の探究が「自立的な学習」になるよう、また「生徒が自分で課題を発見できる過程を重視すること」を教員に求めている。さらに、求められる「資質・能力」を、他の教科で得られた知見を動員して、調べたことを比較、分類、関連付けるなどの技能を活用して、情報機器も使いながら学びをすすめるとされている。

　生徒が自立的な学習をすすめるためにも、教員が必要な知識を体系的に教えることは必要になってこよう。したがって、教えることを躊躇することはない。適切に判断して教えるべきところは教えることが必要だ。しかし、結論を決めてしまうような教え方、1つしか正解がない場合、それを早々といってしまうようなことは避けるべきである。また、生徒の他者性の認識を妨げるような教えや、意見の多様性を担保しない指導も避けなければならない。

　教員の指導性の中でもっとも重視したいのが、教員自身が、生徒が設定した課題に対して、自分の経験知、知見に基づいたステレオタイプの指導観をもたないことだろう。生徒に比して教員は圧倒的な知識量の差がある。そのため生徒が設定した課題に対して、内心「これはこういう問題だな」とストーリーができてしまう。学問的な問いのまえには生徒も教員も対等であるという意識が必要なのかもしれない。自戒を込めていえば、これまで「総合的な学習の時間」で取り扱ってきたテーマは、あらかじめ結論のわかっている定式化されたテーマをワークシートなどもいれつつ生徒に学ばせてきた側面はなかっただろうか。さらに、2022（令和4）年12月に改訂された「生徒指導提要」（53頁）では、総合的な探究での指導は「発達支持的生徒指導」であると記述されている。それは「自らの行動を決断し、実行する力」としての「自己指導能力」をはぐくみつつ、自己のキャリア形成の方向性と関連付けながら、自らの課題を発見し解決していくための資質能力」の育成ということである。

　こうして考えてみると、教員に求められるのは、ファシリテーションの能力であろう。参加者が目的と方法を共有できる場の設定のスキル、できるだけ多くの意見が交流できるよう意見を引き出し、受け止めるコミュニケーションスキル、機を見てあまたの意見を集約して組み合わせる議論の構造化のスキル。そして異同を「見える化」させ、対立から合意に向かわせる合意形成のスキルである。「探究」での学びは、教員も生徒もこれまでの定式化された学校知や思考の枠組みを実社会に生きる中で生じる問いに照らして今一度批判的にとらえなおし、最適解を求めて生徒とともに一緒に探究していくということである。生徒が自分の意見を主張し、意見交流の中で

また練り直していける協働学習の中で、それぞれのスキルを生徒の実態に応じて発揮させるとき、生徒の探究の学びはより深まるだろう。教員にはそうした構えとそれを実現するスキルが求められているのではないだろうか。

5　結びにかえて

　読者の中からは、「時間的・人的余裕もない中、こんな難しいことできない」という声が聞こえてきそうである。「探究」は他の科目でも導入され、まさに探究の「見方・考え方」のオンパレード。教科教育でも大きな変化を余儀なくされるであろう。教科教育は教員の専門性のアップデートは欠かせない。「探究」が教科教育でつちかった見方・考え方を働かせるというところからしても、教科教育の充実が求められる。一方で、探究では教員が自らの専門性でカバーできない部分については、専門家を教室に招聘するなど専門家に任せるという発想も重要である。学校をとりまくさまざまな教育資源の活用、その道のプロとの協働の関係、Win・Win の関係を構築していくことも必要である。その上で、「できる範囲」で「生徒も教員も楽しい」と思える「探究」学習をつくろうという構えが大切であろう。行政にはそうした教員の取り組みを支える財政的な支援や人的支援を求めたい。幸い日本の学校では、多くの学校でそうした先進的な取り組みの蓄積がある。その取り組みに学ぶことからスタートできるのではないだろうか。

第2章

実践ワークシート編

.... 本章の「使い方」 ....

● 本章は、実際に授業で使用した「生徒向けワークシート」です。もちろん、自由な発想に依拠する「総合」や「探究」ですから、それぞれアレンジしてご使用ください。
　　例えば、本書ワークシートで「まとめ・表現」の方法が「プレゼンテーション」となっているものを、「ポスターセッション」や「動画作成」で行う、等、想定する生徒たちの状況や獲得すべき目標に応じてご変更ください。

● 本章を大学に授業で使用する際は、以下の段階的使用が考えられます。
　　▶ 第1段階　**生徒** になったつもりで、ワークシートを **使って** 授業を受ける。
　　▶ 第2段階　**教員** になったつもりで、ワークシートを **使って** 授業を行う。
　　▶ 第3段階　**教員** になったつもりで、ワークシートを **アレンジして** 授業を行う。
　　▶ 第4段階　**教員** になったつもりで、自由にワークシートを **つくって** 授業を行う。

● 本章を使用する際の留意点等を示した「指導書」は、大阪大学出版会内の HP から見ることができます。各ページに記載されている【パスワード】を使用し、模擬授業等を行う際の参考にしてください。

オトナたちに教えよう SNS

佐藤 功 （「web 指導書編」パスワード【tankyu_work1】）

今回の授業の最終目標は、
「SNS が苦手な世のオトナたちに、5分間の「授業」をしてください」

物ごころついたときから当たり前にケータイやスマホがあった高校生は、ある意味「SNS の専門家」。「後からやってきた SNS」に苦労している世のオトナたちに、使い方や注意点などをしっかり教えてほしい。

1 【課題設定】映像視聴

「（大人は SNS の）意味がわからんのよー」
SNS をテーマにしたテレビ番組で、思わず出演者がつぶやいた。
これって、かなりのホンネらしい……。
まずはこの映像を視てください。（※映像については「web 指導書編」参照）

資 料

ある高校で保護者の方から「SNS のこれが知りたい」をききました（抜粋）。

①高校生が普段 SNS をどれぐらいの時間使っているのか、またどのように活用しているのかを教えてください。

②最近 SNS がきっかけでいじめが起こっているとよく耳にして不安に思っています。どうしていじめが起こるのでしょうか？

③子供がずっと SNS ばかりしています。なぜ高校生はそんなに SNS にハマるのですか？

④就職活動時に企業が学生の SNS をチェックすると聞くのですが本当ですか？　学生はどのようなことに気をつければよいのでしょうか？

⑤よく SNS で炎上が起こると聞きますが、どうして炎上が起こるのですか？　炎上してしまったあと結局どうなってしまうのですか？

⑥SNS の怖い話はよく聞きますが逆に SNS に関する良い話や感動話を知りたいです。

⑦SNS で個人情報が漏れて色んなトラブルが起きているのは本当ですか？　トラブルに巻き込まれないためにはどうすればいいですか？

⑧知人が SNS でなりすまし被害にあったそうです。なりすましによってどんな被害が起こりますか？　それを防ぐためにはどうしたらいいでしょうか？

⑨SNS で知らない人とつながって仲良くなることがよくあるそうですが、それって危険ではないのですか？　つながる際は何に気をつければよいですか？

⑩子どもの SNS 利用について、親はどう接したらいいのでしょうか？　子供は親にどうしてほしいと思っているのでしょうか？

⑪そもそも SNS のことをよく知りません。SNS とはどのようなものなのか、またそのメリットを教えてください。

「マッピング」をやってみよう。

「マッピング」って何？

　あるキーワードから連想されることやイメージをどんどんつなげて広げてみよう。探究のテーマ探しに大いに役立つ。

①まず、今回のテーマ「SNS」を真ん中の円の中に書こう。（下記例1では「興味のあること」）

②「SNS」と聞いて頭に浮かぶことを「SNS」の語につないでまず書いてみよう。23ページでは8つの囲みがあるけど、もっとたくさん浮かんだ人はもっとたくさん書いてもいいよ。

③それらのワードに関連することを、1つにつき最低複数個（2つ以上）書いてみよう。深刻に考えることはない。気軽に、リズムよく。なぜそのキーワードが浮かんだのか、それをもとに、もっと知りたいことは何なのか、ここからこんなことが学べるなあ、調べられるなあ、など、自由にどんどん書いてみよう。

④用紙がいっぱいになったら、それぞれの関係を探ってみよう。同じようなキーワードや、もしかしたら同じ内容があるかもしれない。線で結んだり、同じ色で色分けしたりしてみよう。あなたの問題意識や考える傾向がはっきりしてくるかも？

「マッピング」の例

例1：テーマは「興味のあること」

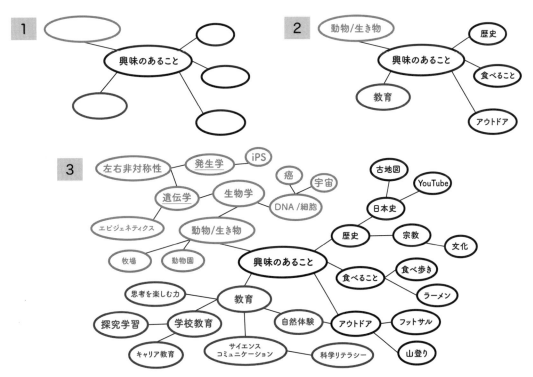

例2：テーマは「探究」

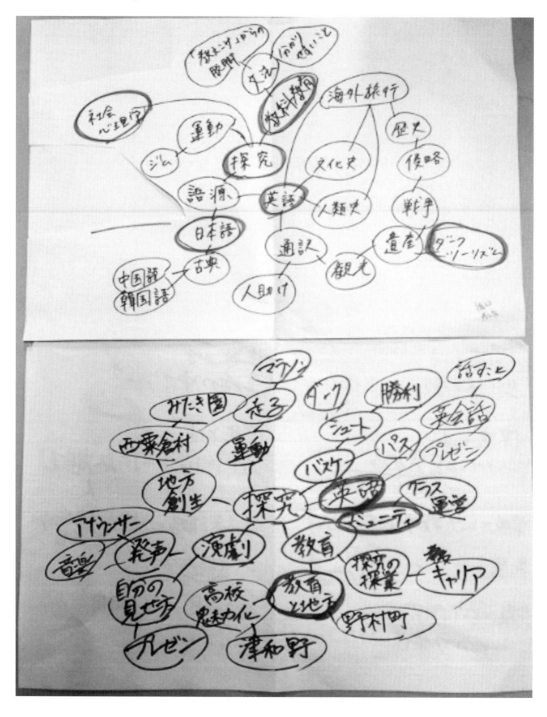

マッピング書き込み用紙

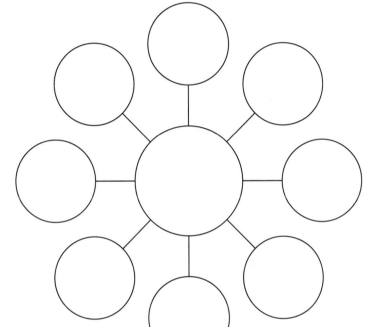

⑤近くの席の人と見せ合おう。「いやあ、見せるのはちょっと……」という人はいくつかを読み
　上げてもいいよ。
　　互いに「気になるワード」を3つ指さしあう。指さされたら、なぜその言葉を書いたのかを、
　簡単に説明しよう。人に説明することで、自分の考えがはっきりしてくるかも。

⑥これらの作業を経て、「気になるワード」＝私の「イチ押し」「2押し」「これも捨て難し」を下の
　表に書きこもう。

	気になるワード	理　由（メモ）
イチ押し		
2押し		
これも 捨て難し		

（1）班のメンバーの「気になるキーワード」（「イチ押し」「2押し」「捨て難し」）を書いてみよう。

名　前	キーワード（イチ押し、2押し、捨て難し）	◎○

（2）前ページの表をもとに班討論。「皆で深掘りしてみたい」と思うワードに◎○を入れよう。
（大いにやりたい◎　やりたい○）

（3）この表を参考に、この班が調べる「問い」を決めよう。（問いのカタチ＝疑問文で）

```
┌──────────────────────────────────────────────────┐
│                                                  │
│                                                  │
│                                                  │
│                                                  │
│                                                  │
└──────────────────────────────────────────────────┘
```

2 【情報収集 / 整理・分析】

※ 【発表日】 本番〜（　　　）月（　　　）日（　　　）曜日（　　　）時間目

オトナたちに教えようSNS　ミーティング用紙

●班長（　　　　　　　　　）

●班メンバー（　　　　　　　　　　　　　　　　　　　　　）

●わたしの班の「問い」

```
┌──────────────────────────────────────────────────┐
│                                                  │
│                                                  │
│                                                  │
│                                                  │
│                                                  │
└──────────────────────────────────────────────────┘
```

●今のところ、使おうと思っている「武器」（※何か使うものがあればマル）
　紙芝居・ビデオ機材・模造紙・書画カメラ・パワーポイント・ほか（　　　　　　　　　）

●作業日（1回目）　（　　　）月（　　　）日（　　　）曜日（昼休み・放課後）

●作業場所（　　　　　　　　　　　　）

3 【まとめ・表現】

さあ、5分間の「授業」だ！

授業に使う「教科書」もつくろう。
各班が調べてつくったページに、「表紙」「目次」をつけて冊子にしよう。

資料

「SNSの教科書」例（生徒作品）

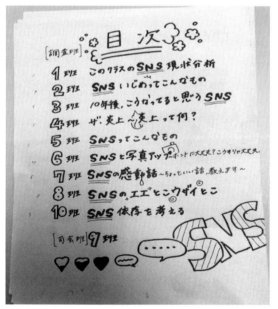

「目次」例（生徒作品）

column1

探究学習にはどんな意味があるのだろうか？

　探究学習では、生徒が主体的に課題に関わって調査し、自分と違う他者生徒の情報や意見に学び、課題について学びを深めてゆくことが想定されています。そして、その成果物を、プレゼンテーション、ポスターセッション等によって協働的な学びとして発表します。その場を通して、クラス、学年、学校集団で共有されたり、批判されたり、賞賛されたりします。さらに、その成果物は地域や社会に活かされてゆきます。

　このような学習過程で、探究する力のほか、人やメディアから情報を収集する力、調査活動をして情報を分析、活用する力、他者とコミュニケートする力、自分や社会の未来を切りひらく方法を身につけ、生徒の学習に向かう関心、態度、意欲を育むことができます。また、キャリアを探究すれば、自分の進路を切りひらき、自分の関心を確認し掘り起こす契機になります。

　したがって、生きる力を学習によって身につける探究活動の意味は、実社会に学び、協働作業を通じて生徒の社会化が図れるということです。社会の一員としての意識も高まります。情報収集を実践し、知の構造や社会の成り立ちを知ることができる探究学習は、とても意味があります。　　　　　　　　（杉浦真理）

II

○○○に伝えたい！！
最高のPR動画を作ろう！

小川 未来（「web指導書編」パスワード【tankyu_work2】）

みなさんは、勉強の合間や通学途中で音楽を聴くことはありませんか？

また好きな絵や雑誌の広告、ポスターなどをみて癒されることはありませんか？

このワークではみなさんの「好きなモノ」と向き合い、「好きなモノになぜ魅かれるのか」を探究していきます。

最終課題は、自分たちの選んだ作品をPRする動画の作成と発表です。制限時間は、動画の時間を含めて1班5分です。

1 【課題設定】

ワーク1（1時限）

班で、これから探究していく作品を選ぼう。作品が選べたら、下記の作業に取り組んでいこう。

選んだ作品が、絵や彫刻などの場合

①下の memo A 欄に、選んだ作品を写してみよう。

　※あとからこのワークシートをみて作品を思い出せるように描こう。

②作品から見えることや描かれていることを何でもいいので、下の memo B 欄に記入しよう。

　めざせ10個以上！（例、描かれているもの、色、雰囲気、印象に残ったことばなど）

memo A	memo B

選んだ作品が音楽の場合

　①選んだ作品の歌詞を音読してみよう。

　　※できれば全員で１行ずつ順番に読んでいこう。

　　※歌詞がない場合は、その曲から連想される雰囲気を下のmemo欄に10個以上書いてみよう。

　　　（例、水が流れている感じ、楽しそう、暗い）

　②作品から見えることや描かれていることを何でもいいので下のmemo欄に記入しよう。め

　　ざせ10個以上！

---

memo

ワーク2

　ワーク1をもとに質問リストを作成しよう。そのとき、下のテーマづくりのルールを守ろう。

テーマづくりの4つのルール

　①できるだけたくさんの質問をしてみる。

　②質問について話し合ったり、評価したり、答えたりしない。

　③質問を発言のとおりに書き出す。

　④意見や主張は疑問文になおしてみる。

　できるだけたくさんの質問を出していこう！！めざせ10個以上！

---

memo

ワーク3

<u>ワーク2</u>で出た質問を**「クローズド・クエスチョン」**と**「オープン・クエスチョン」**に分けていこう。

クローズド・クエスチョン	オープン・クエスチョン
「はい」か「いいえ」で答えられる質問 あるいは1つの単語で答えられる質問	「はい」か「いいえ」で答えられない質問 あるいは説明を必要とする質問
	めざせ5個以上！

オープン・クエスチョンが、3つ以上出なかった場合は、
もう一度<u>ワーク2</u>を繰り返してみよう。

ワーク4（2時限）

<u>ワーク3</u>の質問の中から最もおもろしそうな3つの**オープン・クエスチョン**を選ぼう。質問選びは以下の手順でチャレンジしてみよう。

1. リスト全体を眺め、どれを選ぶことがいいのかを話し合う。
2. 全員の合意を得ること。（例、全員の意見をきく。意見が割れたら双方の意見を取り入れた最適解をみつける）
3. 班で優先順位の高い3つの質問を選んだ理由を説明する。
   [※優先順位を決める際になるポイントは3つ。
   ①興味を持っているかどうか ②時間的に間に合うか ③他の人が調べていないか]

質問	
この質問を 選んだ理由	
質問	
この質問を 選んだ理由	
質問	
この質問を 選んだ理由	

4. クラス全体に各班で選んだ3つの質問とそれらを選んだ理由を紹介しあいます。

ワーク5

ワーク4で選んだ3つの質問からさらに1つの質問に絞ってみよう。

_____ 班のテーマ

その1つの質問が、今回の**テーマ**です。

2 【情報収集 / 整理・分析】

ワーク6（3時限）

テーマ設定が完了しました。いよいよ、ここから分析・調査をしていこう。

■**分析・調査のヒント**
　①選んだ作品が生まれたきっかけに着目しよう。
　　（作者が自分から描いた？　誰かが依頼した？　この作品が描かれたときに起こった事件　など）
　②この作品は今だれが所有しているのかに着目しよう。

分析・調査をするにあたって出てきた小さな問いも記録していこう。

質問①　　　　　　　　　　　　　　答え

質問②　　　　　　　　　　　　　　答え

質問③　　　　　　　　　　　　　　答え

質問④　　　　　　　　　　　　　　答え

質問⑤　　　　　　　　　　　　　　答え

> memo

3 【まとめ・表現】

ワーク7（4時限）

さあ、ここから最終課題にとりかかろう。
最終課題のPR動画を作成する際に注意するポイントは5つ。
ポイントに注意しながら動画を作成しよう。

①発表時間は、動画の時間を含めて1班5分。

②作品紹介をするリーフレットもA4版1枚で作成すること。

③PRの対象は誰かを明確にすること。
　　　　　　　　例、クラスメイトへ　先生へ　など

④選んだ作品と選んだ作品が作られたときの**社会背景**がどのように関連しているかを内容に入れよう。

⑤なぜ、この作品がなぜ好きなのか、何がオススメポイントなのかをはっきり示そう。

<例>

班名
班員の名前
タイトル
○○○へ
オススメポイント　など

1．まずは、下の絵コンテに動画の撮影計画を書きこんでみよう。

番号	画面／絵	内容／せりふ	時間

2. 絵コンテができたら実際に動画を撮影してみよう。

■動画撮影のヒント
　・スマホの動画撮影の機能で可能。　　　　・動画編集アプリを利用しても OK。
　・写真（静止画）を組み合わせても OK。

ワーク8（5時限）

最後の時間は、各班の発表の時間です。
発表時間は、5分以内に収まっていますか？
作品紹介をするリーフレットは完成していますか？
この発表に参加する人たちへ、自分たちの選んだ作品を PR しよう。

column2

生徒は「誰でも」探究学習ができるのだろうか？

　探究はいわゆる学力が高い生徒にしか難しいのではないかという現場の声があります。こうした声は、そもそも実社会や実生活への興味・関心が薄いとされる現代の若者への見方を反映していると思われます。

　確かに「よりよく課題を発見」することは、知的関心やさまざまな課題への問題意識の高い生徒には比較的容易かもしれません。しかし、今回の指導要領では「探究」の名がつく教科の設定も行われていて、「探究の見方・考え方」は各教科の課題にもなっています。教科書的な知識注入に偏重するのではなく、知識を活用した思考が重視されているのです。探究の授業で大切なことは、生徒の当事者性を喚起することでしょう。

　自分とは関係ないと思われる社会の出来事でも、教員の指導によって生徒は自らの課題としてとらえるようになるし、生徒にとって有用な社会の知識を教えること、あるいは教員が主導する生徒の進路学習で生き方を考えたり、当事者性を喚起させたりすることはできるはずです。その意味では、生徒は「誰でも」探究学習のスタートに立てるといえるでしょう。

（首藤 広道）

バイバイ　プラスチック

杉浦 真理（「web 指導書編」パスワード【tankyu_work3】）

1 【課題設定】フォト・ランゲージ、トライアングル・ディスカッション

> ここ（もしくはスクリーン等）に
> 1枚の写真を掲示します。

　この写真をみて、気づいたことをどんどん挙げていこう。（※写真提示については「web 指導書編」参照）

　写真をみてわかったことを出し合う作業を「フォトランゲージ」といいます。

では次に、「トライアングル・ディスカッション」をやってみよう。

トライアングル・ディスカッションとは

①ある論題について、自分は**肯定、否定、わからない**のどの立場に立つのかを考え、教室内の
それぞれに指定された位置に分かれて集まる。

②**肯定、否定**の各立場の生徒は、それぞれ3分ずつ、**わからない**の立場に立つ生徒に対し、自
説を立論し、説明する。
　わからないの立場の生徒は、自分の見解が**肯定**、あるいは**否定**のどちらかが正しいと思え
たら、立場（場所）を移動していく。このとき、**肯定、否定**の各立場の生徒も反対の立場の
意見に納得したら、立場を変えても良い。

③それでも**わからない**から動けない生徒は、**肯定、否定**の立場の生徒に質問をして、自分の考
えを決める努力をしてもらう。最終的には動かなくてもよいが、思考停止にならないように
がんばる。

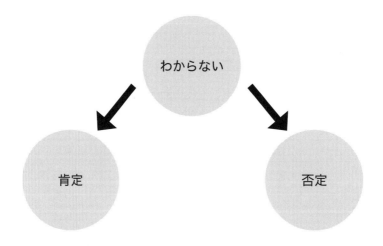

今日の論題は、「**プラスチックの使用量を5年間で半減すべし**」

トライアングル・ディスカッションをやってみよう

（1）「**プラスチックの使用量を5年間で半減すべし**」について、あなたの立場は、
（肯定・否定・わからない）
その理由を書いてみよう
（　　）

（2）**肯定、否定、わからない**に分かれて、教室の3つのゾーンに座ろう。

（3）**肯定、否定、わからない**、各チームごとに、テーマについて話し合って考えてみよう。

〇**肯定**チーム、**否定**チームは、自分たちのディスカッションを進めるにあたって、みんなに伝えたい（とりわけ、わからないの立場の人を説得する）ことをまとめてみよう。

〇**わからない**を選んだ人は、なぜ判断ができないか、ここが解決すれば肯定・否定の判断ができるという質問を考えてみよう。

（4） さあ、トライアングル・ディスカッションをやってみよう。
　　　①**肯定**チームの主張をきく

　　　②**否定**チームの主張をきく

　　　③**わからない**チームからそれぞれへの質問

〈ディスカッション　メモ〉

肯定の論拠

否定の論拠

応答メモ

(5) **肯定**、**否定**それぞれの論拠をきいて、**わからない**チームの人は、納得したほうへ移動を行う。
（**肯定**、**否定**チームの人が相手の論をきいて移動しても OK）

(6) 今回の「トライアングル・ディスカッション」を行って、わかったこと、感じたことを書こう。

2 【情報収集／整理・分析】ネット検索、ワールドカフェ

脱プラスチック問題を調べる

　1班5人程度のグループを作って作業します。

(1) プラスチックの使用量をどうしたら減らしていけるか。インターネットで調べながら、アイディアを貼って、各自でたくさん書いてみよう。

(2) つくった付箋紙を、

　　A：リデュース（極力使用しない。代わりのものを使用する）

　　B：リサイクル・リユース（再利用する）

　　C：その他の方法（分解されるプラスチックを発明する、等）

　　　の3つに分けてみよう。

(3) 模造紙に貼っていこう。その際、それができるのは、「地域（生活圏）、日本、世界」のどこでできるのか、グループで相談しながら、付箋紙を移動して貼ったり書き込んだりしていこう。

脱プラスチックのためにできること、しなくてはいけないこと

	リデュース	リサイクル・リユース	その他の方法
地域（生活圏）で			
日本で			
世界で			

私たちの班のアイディアをメモしよう

・脱プラスチック問題とは（定義）

A：リデュース（極力使用しない、代わりのものを使用する）
　　　1 地域（生活圏）で　　　　　　　　2 日本で　　　　　　　　3 世界で

B：リサイクル、リユース（再利用する）
　　　1 地域（生活圏）で　　　　　　　　2 日本で　　　　　　　　3 世界で

C：その他の方法
　　　1 地域（生活圏）で　　　　　　　　2 日本で　　　　　　　　3 世界で

＊各領域で減らす方法を確認する。埋まらない領域は社会的に遅れているところだと考察する。

脱プラスチック問題についてつくった模造紙を、ワールドカフェの用法で、さらにバージョンアップさせよう。

ワールドカフェとは

　相互理解を図り、楽しく、いつもと違った空間を演出する。そのわかち合いのために行うグループワークの1手法です。

①1人もしくは、2人の生徒をグループの場に残して**説明担当**にします。**説明担当**は、その場の成果物（多くは模造紙に書いたもの）を説明報告します。

②他の生徒は、**質問担当**として別のグループに行き、そのグループの人から説明報告を受け、いくつか質問をしてくる。グループを巡回しながら、説明報告を受け、報告と質問の答えをメモして回る。

③②の**質問担当**が最初のグループに戻り、見聞きしてきたことを、メモを活用してグループ内で分かち合います。また、①の**説明担当**は、他班の人から質問されたことを分かち合います。

④①②の**説明担当**、**質問担当**を交代し、さらに深めていきます。

　ここでは、ワールドカフェの用法と「いいねシール」を使って深めてみよう。

（1）グループの**説明担当**は、他のグループの**質問担当**生徒に3分で説明し、質問を受け、答える。

（2）**質問担当**生徒は、1人5枚ずつ「いいねシール」を持ち、自分以外のグループの説明を聞きに行く。説明、質疑応答を聞き、大事だと思った箇所に**「いいねシール」を、最大5枚まで貼る。**自分のグループには貼れない。自班以外のグループの説明を聞いて回る。

〈メモ〉　※やりとりのなかで、大切だと思ったところをメモしておこう。

（3）自分の班にもどり、自分の班で「いいね」をたくさんもらった（評価のよかった）ものと、他のグループでよかったものを、グループ全体で確認し、自分たちの発表をさらに練り上げよう。

〈ここがよかった　メモ〉

（4）（時間に応じて）**説明担当・質問担当**を交代して深めていこう。

〈メモ〉

3 【まとめ・表現】意見表明文・プレゼンテーション

脱プラスチックを提言にまとめる

脱プラスチック問題をどうしたら解決できるだろうか

①自分たちへ　　②学校へ　　③企業へ　　④日本へ　　⑤世界へ

　表明する対象をはっきりさせて、意見表明文をグループでつくってみよう。
↓
意見表明文を書き込み、交互にグループ持ち回りの参加メンバーで発表をシェアする。
（《使用するものの例》模造紙　or　パワーポイント　or　グーグルフォーム　or　ネット掲示板）

column3

生徒の進路実現に役に立つのだろうか？

　進路指導とは、生徒の卒業後の将来の希望を引き出し、色んな進路先の情報提供をしたり、適切なアドバイスをすることだと私は思っています。

　担任をしていて、よく聞く生徒の台詞が「やりたいことが分からない」「何をしたいかが分からない」という悩みです。しかし、多くの場合、好きなことや苦手なことなどはもともとあるのに、それを説明できなかったり、言い出せなかったり、向き合う機会がなかったことに起因するんじゃないか、と私は考えるようになりました。

　「探究」は、教科の授業に比べれば圧倒的に少ない単位数ですが、一方で教科横断的で一斉授業ではない学びにこれから生きていくヒントを得る生徒はいるのではないでしょうか。実際に、私が担任をした生徒の中には、大学の AO 入試で自分の好きなことを探究し課題設定をした結果、志望校に合格した生徒もいます。

　こういったエピソードから「探究」の課題発見のための問いをつくる作業によって、考え続け（思考停止をしない）、自分ごとの課題をみつけた生徒は、自らの進路についても考え続け、自分で方向性をみつけるのではないでしょうか。

　大学への進学者が多い学校の中には、進路指導というと難関大学に合格させることだと信じている（あるいはそうせざるを得ない）教員も少なからず存在しています。しかし、「探究」をきっかけに自分ごとの課題をみつけた生徒は、ただ難関大学に合格するためだけではなく、本当に自分の課題解決のために勉強をする生徒が増えていくのではないでしょうか。そうすれば、おのずと進路実績も上がっていくことでしょう。

　「探究」は、はじまったばかりです。さまざまな「探究」を以前から実践している学校の様子をみれば、生徒の中の興味関心を教科の授業とは違ったアプローチで引き出す場として「探究」は機能しています。このことは進路実現にとっても意味があり、その可能性を信じています。

（小川 未来）

食品ロスを探究する

首藤 広道（「web 指導書編」パスワード【tankyu_work4】）

1 【課題設定】ロールプレイ

スーパーでの会話を演じてみよう。（登場人物　5名）

　1年4組は学校の遠足でBBQをすることになり、BBQ会場近くのスーパーに同じ班のメンバーと買い物にやってきました。

A：「牛肉、豚肉、鶏肉……たくさんあってどれにしようか迷うよね」

B：「一人あたり何グラムぐらいあったらいいのかなあ……」

C：「このパックで2、3人前って書いてある……でもなんか物足りないなあ。予算もあるし……」

D：「野菜もいるんじゃない……」

B：「ピーマンはいらないよ。苦いのきらい……」

C：「人参も……」

A：「子どもか！！」

とワイワイ。

B：「この肉40％引きってシール貼ってる。でもなんだか色が悪い感じ……」

C：「消費期限が今日までだから大丈夫なんじゃない」

D：「安いんだからいいじゃん」

A：「私たちがが買わないと捨てられるかもよ」

B：「食品ロスってやつだね」

C：「このスーパーには本当にいろんなものが並んでいるけど、全部買い手がついて売り切れるのかなあ」

D：「そんなことは絶対ないよね。たぶん、消費期限切れのものとかたくさん捨てられるんじゃない……？」

A：「もったいないよね」

B：「でも、なんか、『もったいない』では済まされないような、企業やお店、消費者のいろんな事情があるような気もするなあ」

D：「今度の総合的な探究の時間はこの食品ロスの問題をやってみようよ」

A,B,C（皆で元気に）：「賛成！！」

というわけでAさんたちに代わって食品ロスについて調べてみよう。

社会的な事象を調査研究するための方法はいくつかあります。

たくさんのデータを集めて処理し、分析を加える統計的調査などの**量的調査**と、アンケート記述や面談による質問・回答などの**質的調査**です。

統計的な調査は政府省庁などの行政機関や研究機関等が行い、インターネット上や書籍などで公になっています。

ここではインタビュー調査で、食品ロスの実際を調べてみよう。

2 【情報収集 / 整理・分析】インタビュー調査

インタビュー調査対象・調査

（1）お店編

①コンビニの店長または店員など

行き先（　　　　　　　　　　　　　　　）　担当（　　　　　　　　　　　）

②スーパーの店長または店員

行き先（　　　　　　　　　　　　　　　）　担当（　　　　　　　　　　　）

③飲食店の店長、店員

行き先（　　　　　　　　　　　　　　　）　担当（　　　　　　　　　　　）

④食品メーカーの店長、店員

行き先（　　　　　　　　　　　　　　　）　担当（　　　　　　　　　　　）

どんな質問が考えられるか箇条書きでたくさん挙げてみよう。

1. ....

2. ....

3. ....

4. ....

5. ....

何を知りたいかを明確にして、実際に質問する内容を班で決めて書いてみよう。

1. ....

2. ....

3. ....

わたしの担当（ 　　　　　　　　　　　　　　　　　　**）　訪問日（　　　月　　　日）**

・回答してくれた人（役職）（　　　　　　　　　　　　　　　　　）

・回答

1. ....

2. ....

3. ....

・その他、インタビューメモ

（2）自分の家庭・保護者編

自分の家庭でどれだけの食品を処分しているか、調べてみよう。

　　　　月　　　日 ～ 　　月　　　日の1週間。分量はおおよその目安でかまわない。

○消費期限切れで処分したもの。「消費期限切れ」の意味を調べてみよう。

○食べ残しで処分したもの。

○その他の理由で処分したもの。（理由も含めて）

・その他、インタビューメモ

○調べてみた感想、保護者のコメント、ほか

分析

（1）（2）で調査したことを分析してみよう。

○コンビニ、スーパー、飲食店、家庭で食品ロスが生じる事情（理由）を検討してみよう。

○企業が取り組むべき対策、取り組んでいる対策として何が挙げられるか検討してみよう。
※各企業のHPなども参考になります。

○個人・消費者が取り組むべき対策として何が挙げられるか検討してみよう。

○国や自治体で取り組むべき対策、取り組んでいる対策として何が挙げられるか検討してみよう。

参考資料・HP

国連「持続可能な開発目標」(SDGs)
https://www.jp.undp.org/content/tokyo/ja/home/sustainable-development-goals.html
国連食糧農業機関 (FAO) 国連広報センター
https://www.unic.or.jp/info/un_agencies_japan/fao/
外務省　食糧安全保障関係
https://www.mofa.go.jp/mofaj/gaiko/fao/index.html
農林水産省 HP (食品ロス・食品リサイクル)
http://www.maff.go.jp/j/shokusan/recycle/syoku_loss/
消費者庁
https://www.caa.go.jp/policies/policy/consumer_policy/information/food_loss/
関連法令
2019年10月施行食品ロス削減推進法　食品衛生法

3 【まとめ・表現】

調査・検討してきたことをパネルディスカッション形式で発表してみよう。

※パネルディスカッションとは?

討議法の一種。所定の問題の討議にあたって、あらかじめ意見の対立を予測して選ばれた各意見の代表者のグループ（パネル＝陪審員）が聴衆の前で意見発表と討論を展開し、その後、司会者の誘導により聴衆も参加して討論を進めるもの。（出典　ブリタニカ国際大百科事典）

・ロールプレイで行います。その業界や立場の人と仮定して報告してみよう。
・「食べ物を残すことはいけないことだ」という倫理的な善悪にとどまらず、社会的・構造的な課題として発言できるよう工夫してみよう。

①役割分担
・コンビニやスーパーなどの小売業界代表　　　　　（　　　　　　　　　　　　　　）

・ファストフードやレストランなど飲食店業界代表　（　　　　　　　　　　　　　　）

・食品メーカーなどの生産者の業界代表　　　　　　（　　　　　　　　　　　　　　）

・消費者代表　　　　　　　　　　　　　　　　　　（　　　　　　　　　　　　　　）

②問題報告

食品ロスの問題点をいま一度改めて議論してみよう。

・業界の抱える悩み、構造的な問題・課題が浮き彫りになるように留意してみよう。

・業界の取り組みを報告しよう。

・全員は消費者でもあります。消費者の立場、個人でできることを考えてみよう。

〇コンビニやスーパーなどの小売業界から見た食品ロス問題

〇ファストフードやレストランなど飲食店業界から見た食品ロス問題

〇食品メーカーなどの生産者の業界から見た食品ロス問題

〇消費者から見た食品ロス問題

③パネルディスカッション。それぞれの立場で議論してみよう。

タイトル：「食品ロス問題を改善するために私たちのできること、国や社会全体で取り組むこと」

視点

〇可能であれば農業・漁業などの第1次産業における生産者の立場も加えてみよう。

〇政治の取り組みとして必要なことは何か、国や自治体に求めることは何か、という視点で議論してみよう。

・メモ （そのとおりだ、いやそれは違う、パネラーへの質問、など）

I

II

III

IV　食品ロスを探究する

V

VI

発展編

　実際に外部ゲスト（食品ロスに直面している方々や業界、国や自治体等関係省庁の方々）に登場してもらうとさらに深まります。

column4

探究における「評価」って何だろうか？

　通知表には「総合的な探究の時間」には、修得したという「修」だけ記載する場合もありますが、ABC や優良可などと表示することもできます。ここで、2つの問いが浮かびました。

　1つは、教科学習のように点数表示はそぐわないですが、ABC などというレベル評価は必要なのでしょうか。私自身は、「探究」への取り組みも評価したいと考えています。その理由は、教科学習ではいわゆる「落ちこぼれ」でも、「探究」には前向きでのめりこんで取り組むような生徒がいます。通知表を見たときに、低評価ばかりでも、「探究」の項目だけでも高評価があるという生徒に、自信を持ってほしいと考えているからです。「勉強苦手」というカテゴリーから、「探究」は得意になれば嬉しいというのはあくまで私の考え方です。

　もう1つは、単純に高低の評価でなく、何が良くて、どこに課題が残るのか、文章表記にする方がいいのではないかという疑問です。主体性が高い、行動力が優れている、プレゼン発表がわかりやすいなど、「探究」の取り組みの中で、その生徒の評価できる部分を文章にします。また、次はチームワークを意識しよう、アポイントの前にしっかり調べよう、発表準備を念入りにしようなどの課題も含めて表記する方法があります。これは丁寧に生徒一人ひとりを見ていないとできません。通知表に記載しなくても、別途、「探究」の評価として手渡すという方法もあります。せっかく、時間をかけて一人ひとりに文章表記でアプローチしても、指導要録や調査書にしか掲載されないとなると、そもそも何のための評価かわからなくなってしまいます。

　そもそも教員が評価すると、主観的になるので良くないという意見もあります。数値で基準を決める方が客観的で公平性が担保できるのではないか、と。授業に何回欠席したか、振り返りシートには何行の意見を書けたか、提出書類は期限を守れたか、そういう誰から見てもブレない基準で評価する方がいい、調査書に記載された際に進路実現に影響が出てしまうから、という意見でした。

　私は、数値で評価できない部分こそが「探究」の醍醐味ではないかと感じてい

ます。**ルーブリック***や生徒間の相互評価をうまく活用して、「先生」だけの主観にしないことも可能です。教員が思っている以上に、生徒同士の評価は誠実だし、教員が見落とす部分も同じ教室の中で見ているものであると考えます。

　「評価」という考え方自体を問い直すときになっているのではないでしょうか。今まで通知表に一喜一憂していたのは、評価が「結果」だったからでした。「探究」では、評価の持つ意味はフィードバック（振り返り）であり、**探究サイクル**を回すプロセスの一部であるととらえられます。例えば、ワールドカフェは、発表して観客から「いいね！」と批判や疑問をもらい、それを踏まえてブラッシュアップしていく取り組みです。「先生」からもらうだけだった「評価」ではなく、より「探究」を深める同級生からの「評価」の方が気になるかもしれないですね。

　最近では、高校生のコンテストや大会でも、ただ発表して順位を決める「賞レース」は減ってきています。集まった高校生同士がお互いに刺激を受け合いながら、ブラッシュアップしていくための仕掛けがされていることが多く、単純に「評価」して終わりというのはもったいないです。生徒自身が「評価」も自分事として考えていけるようになると、さらに探究心が深まっていくように感じます。

　また、教科学習においても、観点別評価が重視され、ペーパーテストだけで点数評価しない方針になりました。新学習指導要領では、「知識・技能」「思考・判断・表現」「主体的に学習に取り組む態度」の3観点に整理され、2022年度から導入され、結果だけでなく、プロセスをも加味されていくことになりました。「評価」という概念自体も変換期を迎えています。「評価」の概念は本当に難しく、教員同士でも意見が異なることがほとんどです。模索（探究）しながら、生徒に頼りながら進めていけたらいいなと私は思っています。

　　　　　　　　　　　　　　　　　　　　　　　　　　　　（榎原　佳江）

*ルーブリック…学習到達度を評価の観点（項目）とそのレベルを数段階に分けて表形式にしたもの。観点別に評価しやすく、またどうすれば高評価になるかわかりやすく生徒に提示できる。

「請願」という方法が
あります！

佐藤 功（「web 指導書編」パスワード【tankyu_work5】）

1 【課題設定】新聞記事

国や住んでいるまちに対し、要望があるときはどうしたらいいんだろう？

「選挙に行って1票を行使」は自分の意思を示す大事な方法。

でももっと直接に、「議会に対してモノ申す」権利が憲法には認められている。

それが憲法16条、「請願権」だ。

①長野県のある高校1年生たちが市議会に「請願」した。右ページの新聞記事を読んでみよう。

②さて、勇気を出して請願した高校生たちに対して、松本市議会の反応はどうだっただろう？（予想してみよう）

　　　　あなたの予想……（ 1 ＿＿＿＿＿＿＿＿ ）　　　実際は？……（ 2 ＿＿＿＿＿＿＿＿ ）

ア 「高校生たちの言ってることはもっともだ」ということで請願を採択し、「高校生への通学費補助」を議会が検討することになった。

イ 「高校生たちの言ってることはもっともだ」ということで請願を採択したが、そのまま事実上「ほったらかし」状態になっている。

ウ 「高校生たちの言ってることはわかるが、請願書の書き方がめちゃくちゃだ」として、文章を突き返した。

エ 「高校1年生は選挙権年齢に達していない」ということで、突き返した。

オ 「そもそも高校生たちは文句を言ってるだけだ」と相手にせず、無視。

③日本国憲法第16条では？

> 何人（なんびと）も、損害の救済、公務員の罷免、法律、命令又は規則の制定、廃止又は改正その他の事項に関し、平穏に請願する権利を有し、何人も、かかる請願をしたためにいかなる差別待遇も受けない

「何人も」と書いてあるから、「請願権」には、

・ 3 ＿＿＿＿＿＿＿＿　制限がない。

・ 4 ＿＿＿＿＿＿＿＿　制限もない。（そのまちに住んでいない人も可）

（2017. 2. 22『松本市民タイムス』）

市民タイムス

AID 情報配信システム　電話連絡網よりも迅速・確実
MAIL DELIVERY SYSTEM
AID　検索

発行所／市民タイムス：本社／〒390－8539松本市大字島立800番地
TEL (0263)／受付47－7777 編集47－7774 広告48－2000 販売47－4755 ©市民タイムス2017年
FAX (0263)／受付48－2422 編集47－1654 広告47－8585 販売48－2422
アドヴァンスト・インフォーメイション・デザイン
松本市梓川倭3820-1 TEL0263-78-8003（代）
支社／安曇野・塩尻 支局／長野・木曽

高校生 市会に初の請願

公共機関拡充 自転車の利用 松工1年 交通施策で

I　II　III　IV　V　VI

V「請願」という方法があります！

松本工業高校電子工業科1年A組の生徒37人が21日、高校生や高齢者ら交通弱者に配慮した公共交通の充実と、自転車利用者に優しい街づくりを求める請願2件を松本市議会に提出した。市議会議員が学校に出向いて地方自治への関心を促す交流事業がきっかけとなった政治参加で、議会事務局は、松本市議会への高校生の請願は「恐らく初めてではないか」としている。（瀬川智子）

松本市議会事務局に請願書を提出する松本工業高校の生徒

交通弱者の日常生活に不可欠な公共交通の利便性向上を求める請願では▽アルピコ交通上高地線の朝の混雑解消のための増便▽同路線を利用する高校生の運賃補助―などを挙げた。

自転車利用者に優しい街づくりは▽自転車専用レーンの安全確保▽中心市街地の無料駐車場設置―を求めている。

3月10日に予定する市議会2月定例会の建設環境委員会の審査で、代表生徒が出席して趣旨説明を行う。

生徒たちは昨年12月の市議会の出前授業で、政治参加ができると知り、自分たちが出した意見について議論を深めて公益性を踏まえて文書にまとめた。代表生徒4人とともに、請願提出に必要な紹介議員の署名を集めた。

自転車利用者に優しい街づくりは▽自転車利用者に優しい街づくりは「自分たちの意見が政治に反映されるといい」と願っていた。

今野蓮君（16）は「自分たちの意見が政治に反映されるといい」と願っていた。

市議会は、公選法改正による18歳以上への選挙権拡大を踏まえ、27年度から市内の高校で出前授業を開いている。担当する交流部会の上條俊道部会長は「請願という形になったのはありがたい」と喜び「（若者が）自分たちが主権者だと自覚し、自分たちがやらないと駄目なんだと思う気持ちを育てたい」と語っていた。

④「わたしの身近な課題」をさがしてみよう。

ワーク1

身近な課題について、まずは1人で考えてみよう。

a) わたしたちが過ごす「この学校」
b) わたしたちが住んでいる（もしくは通っている）「このまち」

での生活のなかで、

1. ここはちょっと困るなあ、と思うこと
2. ここはほかと比べてぜったい良いなあ、と思うこと
3. ここ、ちょっと気になるんだけど、と思うこと

を出し合おう。（簡単でよい。難しく考えない）

私の学校	困っていること	
	良いと思うこと	
	気になること	
私のまち	困っていること	
	良いと思うこと	
	気になること	

ワーク2

グループで出し合おう。

名前	さん	さん	さん	さん	さん
私の学校 — 困っていること					
私の学校 — 良いと思うこと					
私の学校 — 気になること					
私のまち — 困っていること					
私のまち — 良いと思うこと					
私のまち — 気になること					

ワーク3

グループで優先順位をつけよう。グループの皆がもっとも感じる「これイチオシ」を選んで、上表の「学校」「まち」それぞれに赤でマルをつけよう。

ワーク4

可能なら、「この班が考えるもっとよくなる提案」を考えてみよう。

この班の提案

（A　私の学校　B　私のまちで（1．困っている　2．気になる）ことへのこの班の改善（もっとよくする）提案

	困っている or 気になる内容	改善提案
学校		
まち		

このあと、各グループが書いてくれた「提出用紙（※前ページ「ワーク2」をコピーしたもの）」は、次のように扱います。

「私の学校編」は、次期生徒会役員選挙立候補者に渡し、選挙公約づくりの参考にしてもらいます。
「私のまち編」は、これからの探究の授業で使用します。

2 【情報収集 / 整理・分析】

さあ、「取材」に行こう。「(1) 専門家」「(2) 議員」の二者をインタビュー。

私の班が考える請願テーマ

（※いまの段階では具体的なものになっていなくてもよい。「〜関係」「〜について」程度でよい）

(1) 専門家インタビュー ～「請願」が単なる「思いつき」にならないために

「ネット調べ」だけではなく、「肉声」を聞いてこよう。

・取材先
（　　　　　　　　　　　　　　　　　　　　　　　　　　　　　　　）
・取材に行く場所
（　　　　　　　　　　　　　　　　　　　　　　　　　　　　　　　）
・取材に行く日
（　　　　　）月（　　　　　）日　（　　　　　）時
・待ち合わせ
（　　　　　）時　　　場所（　　　　　　　　　　　　　　　　　　）
・アポを取る人
（　　　　　　　　　　　　　　　　　　　　　　　　　　　　　　　）

【注意】

①何のために、何を聞きたくてうかがうのか、をしっかり考えてからアポを取ること。

②アポの際にいろいろ言われたら、「探究の授業でアポを取るところから自分たちでやるように言われています」と伝えること。先方から答えられない質問が出たり何か言われたら、「ご不明な点があれば、先生から電話を入れさせていただきます」と言ってください。

③相手の方と対面で会えない場合は、zoom 等でもいいが必ず「肉声」をきくこと。（メールだけ、ファクスだけ、は不可）

【過去に先輩たちが訪れた取材先例】

県庁・市役所内の関係課、議会事務局、関連の研究機関、警察署、鉄道会社、政治家事務所、など

・取材先で聞きたいこと（質問）を4つ（以上）考えよう。

・

・

・

・

専門家インタビュー記録

・行った日
  (　　　　　)月(　　　　　)日
・行ったところ
  (　　　　　　　　　　　　　　　　　　　　　　　　　　　　　　　　　　)
・担当してくださった方・役職
  (　　　　　　　　　　　　　　　　　　　　　　　　　　　　　　　　　　)
・インタビュー形式
  a)対面　　b)zoom等　　c)電話　　d)その他(　　　　　　　　　　　　)

・記録

・感想(請願・陳情に活かせそうな部分などあれば、それも書こう)

3 【まとめ・表現】パンフレット作成、プレゼンテーション

「請願」と「陳情」の違い

・請願……　　<u>5　　　　　　　　　　　　　</u>　が必要

・陳情……　　<u>　　　　　　　〃　　　　　　</u>　が不要

記載注意事項（大阪府議会ホームページより抜粋。一部改）

http://www.pref.osaka.lg.jp/gikai_giji/oshirase/seigan.html

（1）　邦文（※日本文。点字によるものを含む。）で記載してください。

（2）　「・・・・・に関する請願（陳情）書」と表題を記載してください。

（3）　請願、陳情の趣旨及び具体的に請願、陳情をする事柄を簡明に記載してください。

（4）　提出年月日を記載してください。

（5）　請願（陳情）者の住所を記載し、署名してください。なお、氏名をゴム印・印刷など
　　　で記した場合には、押印が必要です。

（6）　連署（※別紙をつける）の場合は、自ら住所を記載し、署名又は記名押印してください。

（7）　請願書には、紹介議員1人以上の署名又は記名押印が必要です（陳情書には紹介議員
　　　は不要です）。

（8）　議会議長あてに提出してください。

※このほか、「請願・書式」で検索すると、いろいろ出てきます。「これだ！」と思う書き方で
　OK。

さあ、右ページの「例」を参考に請願書を書いてみよう。

実際に高校生が大阪市議会に提出した「請願書」（大阪府立旭高校生徒作成）

請願第1号

放置自転車に関する請願

（平成29年2月1日受理）
（平成29年2月10日付託）
平成29年2月1日

大阪市会議長　○　○　○　○　様

大阪市○○区○○1-2-3
○　○　○　○　㊞

紹介議員

○○○○　　　○○○○　　　○○○○　　　○○○○　　　○○○○
○○○○　　　○○○○　　　○○○○

請　願　書

＜請願趣旨＞
通行の妨げや景観を損なうことを防ぐために放置自転車を減らす

＜請願理由＞
旭高校で行われた大阪市についてのアンケートの中の「大阪市の悪い点はどこですか？」という質問に対して、放置自転車の数が多いと答える人がたくさんいました。そこで大阪市交通局自転車対策課へお話を聞きに行ったところ、平成19年度から放置自転車数が減ってきたことがわかりました。しかし今行われている対策の中でも何かまだ工夫できるのではないかと思い、下記の体験談もふまえて請願します。

《体験談》
旭高校3年生女子のバイト先が附置義務条例前の店舗なので駐輪場がなかったため、店先に自転車を置いていたら放置自転車と間違えられ撤去されそうになることが多かった。店長にこの事を相談したら、撤去されないように自分で察知するように言われた。しかし、店が忙しい時自転車に目を向けることができなかったため自転車を撤去されてしまった。

（請願項目）
1．大阪市自転車駐輪場附置等に関する条例制定について
　　附置義務条例の制定前からある店舗の駐輪場の設置の啓発を強めてほしい。
　　例）いくつかの店舗で共同の駐輪場を設けるなど。
2．無料の駐輪場を数多く設置してほしい。
3．啓発方法の工夫
　　放置自転車増加防止のために、配布しているポケットティッシュの中に入っているチラシのデザイン変更（日本橋で配られているティッシュはアニメとコラボするなど）を行い、人々の目に入るように工夫をすることや啓発の強化をしてほしい。
以上3つの項目を請願します。

請願　2017.2.10　第1号

(2) 地元の議員さんインタビュー

〜実際に「請願書」内容を見てもらってアドバイスをもらおう。

「紹介議員になってください」ではなく、作成した「請願書」に対するご意見をうかがってこよう。

議員インタビュー記録

・行った日
（　　　　　）月（　　　　　）日
・行ったところ
（　　　　　　　　　　　　　　　　　　　　　　　　　　　　　　　　　　　　　　）
・担当してくださった方・政党名
（　　　　　　　　　　　　　　　　　　　　　　　　　　　　　　　　　　　　　　）
・インタビュー形式
　a）対面　　b）zoom 等　　c）電話　　d）その他（　　　　　　　　　　　　　）

・記録

・感想（請願・陳情に活かせそうな部分などあれば、それも書こう）

各班の「請願書集」冊子をつくり、発表しよう。

　インタビューした議員さんや専門家の方、役所の方に発表会の招待状を送ってみよう。若者の「声」をききたい方が案外来てくださる。（次ページ新聞記事参照）

ステップアップ

「模擬請願」から「本気請願」へ。

　年齢、国籍、住んでるところ……それらの制限がないのが、「請願」や「陳情」。
せっかくここまでやったんだから、「ホンモノ」に迫って世の中変えるのもいいぞ。

生徒手帳を確かめてみよう。

　生徒手帳には、あなたの学校の「生徒会会則」のページがある。

　そこには、予算や部活動のルールとともに、生徒会役員選挙規定が書かれている。

　選挙の規定は、実際の国政選挙や地方自治選挙のルールに準じて書かれていることが多いが、いっぽうで、今回学んだ「請願権（憲法16条）」に基づく規定は、あなたの学校ではどう定められているだろうか。

　校則その他のことについて学校に対し正当に「請願」する方法を、確かめてみよう。

「模擬請願」をとりあげた記事（2017.1.7　『毎日新聞』）

高校生動こう
議会請願挑戦

昨年から選挙権年齢が18歳以上に引き下げられたのを機に、「主権者教育」に取り組んできた大阪府立旭高校（大阪市旭区）の生徒が、実現してほしい政策を議会へ要望する「請願」に挑戦している。投票するだけでなく実践的に政治に参加する試みで、地元を巡って交通安全や防災などの課題を探り、請願の内容を考案。今月中旬にも大阪市議会に提出する予定だ。主権者教育を担当する教員たちは、こうした動きの広がりに期待する。　　　【大島英吾、写真も】

請願について大阪府議のアドバイスに耳を傾ける府立旭高校の生徒ら＝大阪市旭区で昨年11月24日

大阪・旭高 月内提出へ

「敬老の日に高齢者に防災グッズを配布する」「各区に1カ所以上、子どもが球技で遊べる公園を設置して」

昨年11月下旬、同校国際教養科の課題研究の授業。3年生約20人が交通安全や防災などテーマ別に5班に分かれ、班ごとに考えた請願を発表した。生徒たちは4～9月に主権者教育の一環で模擬投票などを体験。10月から市役所や警察署などを訪れて担当者に話を聞き、政策を考えた。

小椋菜月さん（17）は祖母が住む鳥取県で地震が起きたことから、防災グッズの配布を思いついた。「調べるほど政治を知らないと感じるけど、政治に参加している実感があって面白い」。公園の設置を考えた山田彩乃さん（18）は「街

すればいいのか考え、区役所で働いている気分だった」と振り返る。

別の班は路上喫煙の規制について聞くため市役所に電話した。「府立高校は大阪府の管轄」と言われて不親切と感じ、「ワンストップ窓口を設置して」。別の班は、生徒の一人がアルバイト先の飲食店に駐輪場がなく放置自転車に困った経験から「各店舗に駐輪場設置を義務付け、違反店舗には罰則を

のため、みんなのために何をどう与える」とした。

発表には区職員や地元選出の府議らも出席し「ハッと気づかされた」「もう一歩踏み込んで考えてみ」などと講評。担当の佐藤功教諭は「選挙後も政治に関心を持ち続け、行政の仕組みや自分たちの街について考え、発言するきっかけになる」と話す。生徒たちは内容を練り直し、希望する班の代表者名で近く市議会へ提出する予定だ。

地域の課題知る機会に

10代の請願では、2005年に静岡市の中学生が歩きたばこの禁止を求め、条例が制定された例などがある。教育現場では選挙権年齢の引き下げに伴い、政治に対する生徒の関心を高めようと模索しており、請願が注目されることになった。

国が作成した主権者教育の副教材で請願について執筆した立命館宇治高校（京都府宇治市）の杉浦真理教諭は、6年前から授業で模擬請願を採用。「請願は地域課題を知り、変える方法を自ら考え働きかけていく行動。政治的教養を育むにはとても有効だ」と話す。

長野県立の松本工業高校（松本市）では昨年12月、市議10人が1年生を対象に出前授業をした際、隣の安曇野市で11年に高校生が乗り合いバスの運行時刻見直しを請願して採択されたことを紹介。生徒からは「暗くなってから帰る時、街灯がなく危険な山道がある」と発言があり、2月議会への請願提出に向け各クラスで内容を考える。　　【大島英吾】

column5

外部連携ってどうしたらいいのだろうか？

　教員は自分がわかっていないと教えられないと思いがちです。外部連携を考える際、気持ちの持ち方の前提として、そのように思い込むのはやめておきましょう。わからないことは専門家の助けを仰げばよいのです。それぞれの「持ち場」で考えを巡らし、一緒に創るのが授業の醍醐味です。現場教員の頃から、さまざまな人と連携し生徒たちと一緒に人間・社会を考える授業をしてきましたが、連携先ルートは次のようにまとめられます。「お友達・知人ルート」、「大学ルート」、「研究会ルート」、「教え子ルート」、「関係団体ルート」、「インターネットルート」等です。

　予算がない、という悩みもあるでしょう。でも、例えば（法教育関連でいうと）検察官や裁判官は公務員ですから、交通費や謝礼は不要です。各弁護士会も無料派遣授業をやっている所が多くなってきました。各司法書士会も無料派遣をしています。また国税庁や消費生活センターなどの行政機関も講師派遣の事業を行っています。案外「タダ（無料）」で連携できるところは多くあります。

　高校生は学校外の他者（大人）との出会いを通じて確実に変わっていきます。インタビュー授業を経験した生徒は「行動力と交渉力が身についた」、「将来のことなど自分を見つめ直す機会になった」、「社会に出てからの『力』になった」、「自分にない世界観・人生観を広げられた」、「さまざまな意味で社会を知った」、「自分の知らない所でいろんな人が頑張っていることを学んだ」といった学びを得ます。アイデンティティ、価値観といった自分自身への眼差しが変わるだけでなく、他者や社会を見る眼に「奥行き」が出てきます。

　「連携」は「ご縁」です。会社を経営している教え子は、高校で模擬裁判の指導をして下さった弁護士さんと今もつながり、法務上の良き相談相手だそうです。ある生徒はインタビューで出会った方を通じて職業を決め、今は寿司職人として頑張っています。連携は生徒の人生を良い意味で左右する効果もあります。

　個人的に連携は「仕事」というより「道楽」です。「教員」の鎧を脱いで、教員自身が1人の「市民」として、さまざまな分野の人々と関わって生きていく姿勢を持てば、自ずと「ご縁」を結べます。あとは「偶然」を活かせるかどうかです。「偶然」には意味がありますから、「偶然」出会った人とはぜひ連携してみて下さい。

（札埜和男）

参考文献　札埜和男（2020）「外部講師とつながるコツとポイント」『京都発未来をつくる授業への扉　消費者市民社会をめざして』京都府消費生活安全センター p.26

VI 研究、事始メ

福野 勝久（「web指導書編」パスワード【tankyu_work6】）

　自分の興味関心のあることについて、もっと調べてみたいと思ったことはないだろうか？例えば、「なぜ、こすると消えるペンのインクはこすると消えるのだろうか？」とか「なぜ、メダカは水上の鳥を察知して逃げられるのだろうか？」とか。

　探究では興味や関心のあることに対して、自分で「なぜだろう？　どうしたらいいだろう？」と疑問を持ち、それに対する自分なりの答えを探して進めていきます。今回は日常にある素朴な疑問や興味・関心のあることについて探究をしてみよう。

全体の流れを見通そう！

1 【課題設定】「なぜなぜしーと」「三角ロジックと問いの整理」

　日常にある素朴な疑問や興味・関心のあることについて問いづくりと質問を繰り返して、探究のテーマに仕上げていきます。

2 【情報収集/整理・分析】「見通しーと」「研究の骨子」

　研究の見通しを立てるためにどのようなアクションを取れば、どのような結果が得られるのかを考え、仮説を設定していきます。

　実験や調査が終わった後に、結果と考察についてまとめていきます。

3 【まとめ・表現】「報告書を書こう」

　最後に研究の骨子を見ながら報告書にまとめていきます。

他問自答から自問自答へ　実はみんな質問が苦手

　人間はクイズやなぞなぞのような何かの問いかけに正解することで「楽しい」とか「嬉しい」という感情を抱くことが知られています。逆に質問に答えられないとか答えが浮かばない時はモヤっとしたりイライラしてしまったりします。つまり、人間は答えの分からない質問をわざわざ自分から作ることがどうも苦手なようです。なので、意識して問いづくりに挑戦して、その力を伸ばしてみよう。

　この章では研究の手法の一例をなぞるように展開しておりますが、研究の手法はこれに限るものではありません。また、単語を原義から改変して用いている部分もあります。詳しくは指導書を参照してください。

1 【課題設定】「なぜなぜしーと」「三角ロジックと問いの整理」

> ### なぜなぜしーと

　探究では興味や関心のあることに対して、自分で「なぜだろう？どうしたらいいだろう？」と疑問を持ち、それに対する自分なりの答えを探してすすめていきます。つまり、調べればすぐにわかってしまう疑問であれば、自分なりの答えを探すことが難しくなります。そこで、疑問を何度も何度も掘り下げながら、答えがまだ発見されていないかを調べてみよう。

手順

(1) 自分の興味関心のあることから、「なぜ？」で始まる質問を考えてみよう。

　　①興味関心が特にないんですけど…という人は、身の回りやニュースで困ったことや悲しかったことを探して、「なぜ、そんなことが起きたのか？」と問うてみよう。

　　②「なぜ？」ではなく「どうしたら？」など他の疑問文でも構いません。

(2) その答えをインターネットで検索して、まとめてみよう。答えが複数あったら複数書くこと。ページを印刷して、ファイルに綴じても構いません。

(3) (2)の答えに対して、「じゃあ、なぜ…？」で始まる問いを考えて、質問2に書こう。

(4) 同様に、「答えを調べる」→「質問を考える」を繰り返してみよう。

(1) 出発	
(2) 答え1	
(3) 質問2	
(4) 答え2	
(4) 質問3	
(4) 答え3	

三角ロジックと問いの整理

重要なことなので、もう一度繰り返しますが、探究では興味や関心のある内容に対して、自分で「なぜだろう？どうしたらいいだろう？」と疑問を持ち、それに対する自分なりの答えを探してすすめていきます。この時、自分で決めた課題や自分で決めた答えを他の人に納得してもらうために、理由をつけて説明をしますが、理由の付け方にはちょっとしたコツがあります。

練習）考えてみましょう。

数学のテストが返ってきた。自分の得点は65点。クラスの平均点は55点で、最高点は85点だった。この結果はいい結果だろうか？

あなたの考え：_____

理由を整えることの大切さ

同じ事実を見ても、人によって感じ方はさまざまです。数学があまり得意でない人にとっては、平均点より10点も上で嬉しい結果となるかもしれませんし、数学がとても得意な人にとっては、最高点よりも20点も差をあけられて悔しい結果となるかもしれません。その人なりの考えを人に説明する時は、事実をどのように受け止めたのかを必ず添えて説明する必要があります。

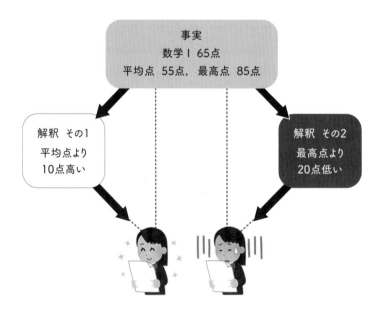

このように、事実に自分の解釈をつけて自分の考えを説明する理由づけのパターンを**三角ロジック**といいます。また、多くの場合、**事実**は「根拠」、**解釈**は「論拠」と呼ばれます。図に示すと右のようになります。

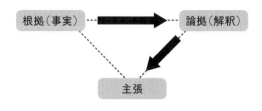

探究のはじめの段階では、テーマについて調べた**事実**（根拠）を自分がどのように**解釈**（論拠）したのかを整理します。そして、最後に1つの疑問にまとめます。最後にまとまった疑問が探究の**調査課題**（主張）となります。

要素	内　容
事実	インターネットや書籍などの文献に示されていたこと。
解釈	それに対して自分で考えた疑問。
調査課題	最後に1つにまとめた疑問。

例）防虫剤の開発の場合

	事実（文献には何が示されていた？）	解釈（根拠について何を考えた？）
課題設定	テルペンには、殺菌・殺虫作用を持つものがある。 テルペンは多くの植物に存在し、化粧品などにも用いられている。 人工的に合成された薬品を用いた防虫剤で皮膚炎症が起きるなどの健康被害が報告されている。	化粧品などに用いられているほど安全なのであれば、防虫剤の有効成分をテルペンに置き換えることで、健康被害も減るのではないか。 なぜ、最初からテルペンを使わなかったのか。

調査課題（研究の中心となる問い）
自然由来の植物から抽出可能なテルペン類を用いた比較的安全な防虫剤を作成することはできないだろうか。

手順

自分たちの研究の調査課題について、改めて考え、まとめてみよう。

	事実（文献には何が示されていた？）	解釈（根拠について何を考えた？）
課題設定		

調査課題（研究の中心となる問い）

　三たびくり返しますが、探究では興味や関心のある内容に対して、自分で「なぜだろう？　どうしたらいいだろう？」と疑問を持ち、それに対する自分なりの答えを探してすすめていきます。実験や調査を行う前には答え（仮説）を前もって見通すことが非常に重要です。いきなり仮説を考えるのは難しくても、自分たちが起こすアクションに対して、どのような結果が得られるのかを予想することで、調査課題に対する答えも考えやすくなります。例えば、中学校の実験でとりあげられる「バネにかかる力とバネの伸び」なら、次のようにまとめることができます。

テーマ： バネにかかる力と伸びの関係	
アクション	結果
何について工夫する？ 　バネにかかる力 どのように替える？どのように測る？ 　バネにつるすおもりの数を増やす。 　おもりの質量を測る。	何が変化する？ 　バネの伸び どのように変わる？どのように測る？ 　バネの伸びが大きくなる。伸びた分 　の長さを定規ではかる。

手順

（1）まず、テーマを記入しよう。

（2）研究を進めるにあたって、どんなアクションを起こしますか？　74ページの記入例のようにできるだけたくさん考えて、枠に1つずつ書いていこう。

（3）どんな結果が観察できると思いますか？　74ページの記入例のようにできるだけたくさん考えて、枠に1つずつ書いていこう。

（4）関係のあるアクションと結果を線で結んでみよう。記入例のように、1つのアクションが色んな結果に結びつく時は、それらも全部結んでおこう。

（5）最後に調査課題に対する現時点での答えを1つにまとめてみよう。

● 74ページの「記入例」を参考に、あなたの「見通しーと」を75ページに書こう。

見通しって大事

　これをすればこんな結果が得られるはずだと思って実験や調査を行うことは大変重要です。というのも、想定外な事態が起こった時に「これは想定外だ」と気づくことが難しいからです。想定外に気づけないと「きっと何か裏で面白いことが起きているはずだ！」とか「これは何らかの原因でエラーなのでその検証が必要だ！」という方向に至ることができず、ついつい研究が滞りがちです。つまり、見通しとは研究で迷子にならないためのコンパスともいえます。このことは自然科学の分野だけでなく、人文科学の分野でもあてはまります。そして、よく練り込まれた見通しの上に仮説が立てられます。

研究の骨子

※74〜75ページの「見通しーと」を完成させてから次に進もう。

　「くどい！」と言われるかも知れませんが、探究とは興味や関心のあることに対して、自分で「なぜだろう？どうしたらいいだろう？」と疑問を持ち、それに対する自分なりの答えを探してすすめていくことです。仮説は仮の答えなので、正しいかどうかの証明が必要です。今回は研究全体を振り返りながら、仮説の真偽の証明について考えます。

　自分がアクションを起こして何らかの事実が得られたら、それについて解釈を行います。事実を結果といい、自分なりの考えを含んだ解釈を考察といいます。仮説の証明にはこれらが三角ロジックの形になるように整えていきます。

手順

（1）研究の骨子のワークシートの①〜⑦を埋めてみよう。

（2）埋まったら、骨子の中の「③調査課題」と「⑤仮説」が問いと答えの関係になっているのかを確認しよう。もしなっていなかった場合はどちらかを修正してみよう。

（3）「③調査課題」と「⑤仮説」の説明が三角ロジックになっているかどうかを確認しよう。もしなっていなかった場合はもう一度考え直してみよう。

（4）最後に主題と副題を書いてみよう。副題はなかったら空白でも構いません。

● 76ページの「記入例」を参考に、あなたの「研究の骨子」を77ページに書こう。

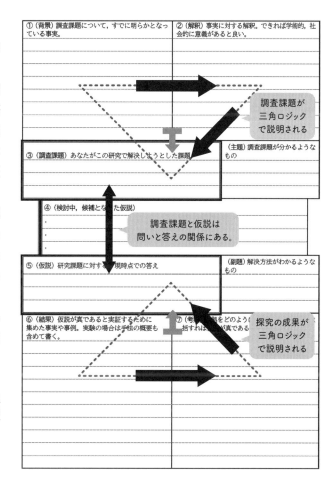

「仮説は正しくなかった」も立派な探究の成果

　仮説どおりにならなかったとき、非常に残念に感じてしまい、投げやりにまとめてしまいがちです。でも、その内容が「これだとうまくいかないから、他のやり方を考えた方がいいかもしれない」という後輩たちへのアドバイスになるとしたら…。どのような実験・調査を行ったときになぜ仮説どおりにはならなかったのかをきちんと説明することが大事です。

見通しーと

記入例　化粧品の開発

テーマ：天然由来の化粧品（口紅）開発に関する素材の探索

アクション　　　　　　　　　　　　　　　　　　　　　結果

何について工夫する？	何が変化する？
口紅の水分量	なめらかさ
どのように替える？どのように測る？	どのように変わる？どのように測る？
添加するオイルの量を増やす。電子天秤でオイルの質量を測定した上で使用する。	油分が増え，なめらかになる。肌の水分量測定器を使って測る。

何について工夫する？	何が変化する？
	かたさ
どのように替える？どのように測る？	どのように変わる？どのように測る？
	小さな力で塗れるようになる。バネばかりをつけた爪楊枝などで刺してみて，どの程度の力でどれだけ差し込めるか。

何について工夫する？	何が変化する？
酸化防止剤に使う材料	色素による発色の良さ
どのように替える？どのように測る？	どのように変わる？どのように測る？
お茶からレモン汁に変更する。質量比で全体の何%ぐらい入れたのかを記録する。	口紅の色が酸化防止剤の色で染まってしまうことを防ぎ，色素の彩度が上がる。お茶を使用した時のものと塗って比較。スマートフォンの色度のアプリで測定。

現時点での調査課題に対しての答え（仮説）

見通しーと

テーマ：

| アクション | 結果 |

何について工夫する？

どのように替える？どのように測る？

・　・

何が変化する？

どのように変わる？どのように測る？

何について工夫する？

どのように替える？どのように測る？

・　・

何が変化する？

どのように変わる？どのように測る？

何について工夫する？

どのように替える？どのように測る？

・　・

何が変化する？

どのように変わる？どのように測る？

何について工夫する？

どのように替える？どのように測る？

・　・

何が変化する？

どのように変わる？どのように測る？

現時点での調査課題に対しての答え（仮説）

➡見通しが立ち可能であれば、実験をして結果を確かめてみよう！

研究の骨子

記入例：

① （背景）調査課題について，すでに明らかとなっている事実。	② （解釈）事実に対する解釈。できれば学術的，社会的に意義があると良い。
こすると色が消えるペンは60℃以上で色が消える。−20℃以下になったら色が元に戻る。化学の資料集の構造式を見ると，温度によって環状構造が作られたり壊されたりしているらしい。酸−塩基指示薬のフェノールフタレインも同様に環状構造が作られたり壊されたりして色が着いた消えたりしている。	フェノールフタレインに類似した環状構造を持つのであれば，pH変化によって発色と消色コントロールできるのではないか。書いた後で加熱によって消える事故を防げる。

③ （調査課題）あなたがこの研究で解決しようとした課題	（主題）調査課題が分かるようなもの
酸があれば，こすると色が消えるペンのインクの色を定着させて，加熱しても色が消えないようにすることができるのではないか。	こすると色が消えるペンをこすっても色が消えないようにする手法の検討

④ （検討中，候補となった仮説）
・　なし
・
・

⑤ （仮説）研究課題に対する，現時点での答え	（副題）解決方法がわかるようなもの
・酸を加えることで，耐熱性は増加することはわかった。 ・これを実用化するには，酸の働きを助ける物質などが必要と考える。	なし

⑥ （結果）仮説が真であると実証するために集めた事実や事例。実験の場合は手法の概要も含めて書く。	⑦ （考察）根拠をどのように解釈し，どのように総括すれば仮説が真であると証明されるのか
・こすると色が消えるインクの詰め替え式のインをpH 1，2，3，4，5の塩酸に加え，湯浴中で加熱して行ったところ，pHが小さい方が，色が変わる温度が高くなった。pH 1に至っては80℃でも色が消えなかった。	・pHが小さくなればなるほど，その影響が大きくなっていることから，pHの影響で温度による消色を抑える効果があることが伺える。 ・紙にpH 1の薬品を塗ることは紙を痛めるのでpHを以外に分子構造を変化させられる物質を検討する必要がある。

76

研究の骨子

① (背景) 調査課題について, すでに明らかとなっている事実。

② (解釈) 事実に対する解釈。できれば学術的, 社会的に意義があると良い。

③ (調査課題) あなたがこの研究で解決しようとした課題

(主題) 調査課題が分かるようなもの

④ (検討中, 候補となった仮説)

・

・

・

⑤ (仮説) 研究課題に対する, 現時点での答え

(副題) 解決方法がわかるようなもの

⑥ (結果) 仮説が真であると実証するために集めた事実や事例。実験の場合は手法の概要も含めて書く。

⑦ (考察) 根拠をどのように解釈し, どのように総括すれば仮説が真であると証明されるのか

3 まとめ・表現「報告書を書こう」

報告書を書こう

報告書の形式

研究の報告書は多くの場合、次のような項目立てで書かれます。

項目	内容　　　（　）内は研究の骨子の項目の記号と同じ
1. はじめに	背景となった事実（①）
	それに対する解釈（②）
	調査課題（③）
	仮説（⑤）
2. 調査手法	実験・調査や結果を入手した方法（⑥）
3. 結果と考察	結果（⑥）
	考察（⑦）
4. まとめ	現段階での仮説の真偽
	残された課題や新たな課題
5. 参考文献	背景となった事実（①）など、調査した内容の入手元

手順

研究の骨子を見ながら、この項目立てで報告書を書いてみよう。

①どう書いていいかわからない人は、これまでに文献調査で読んだ研究論文を真似してみよう。

②文献調査で論文などを読んでない人は、インターネットで読むことができるので、探してみよう。

報告文はひたすら短く、たたみ掛けるように

　文章を書き慣れていないうちは読みにくい文章を書いてしまうことがよくあります。最初の頃によくあるのが、次のようなとんでもなく長い文です。

　「理論的に言えば抵抗が多ければ多いほど電流は流れにくくなるので、抵抗の数を減らせば減らすほど理想的な値が出るはずなのだが、抵抗を並列に接続した場合、合成抵抗は元の抵抗よりも小さくなることがあるので、この減少分が抵抗の数の増加の効果を打ち消してしまうので、理想的な値を得ようとした場合、抵抗の数を少しにして並列で接続した回路が望ましいと考えられるのである。」

　長いので、読んでいる人は文が終わる前に何の話だっけ？　となってしまいます。文章はとにかく短く、端的にして、接続詞で丁寧に繋ぐように心がけましょう。

column6

グループ分けのポイントって何だろうか？

　学習指導要領の総合的な探究の時間には「探究に主体的・協働的に取り組むとともに、互いのよさを生かしながら、新たな価値を創造し、よりよい社会を実現しようとする態度を養う」と記されています。私たちも、探究活動を通して、異質な他者と出会い、豊かな人間関係をつくったり、思いもよらない発想をする機会をたくさん得られると考えています。異質な他者とは、研究への助言をする先生、発表を聞いてくれる人など探究活動で関わるすべての人を意味していますが、中でも共に活動するチームメイトなどは、生徒にとってもイメージがしやすいでしょう。そこでグループ分けです。

　一般的なグループ分けにはいろんなやり方があります。

①出席番号順　②教室で座っている座席順　③同じ興味関心、問題関心をもつもの　④気の合う者同士　⑤抽選　⑥教員が人間関係に配慮した上で決定……

　大切なことは、探究活動で協働的に学ぶことの意味を生徒たちがしっかりと理解することでしょう。性格も考え方も違う他者と、1つの目標に向かって協働することで何が生まれるか。小学校・中学校で生徒たちは協働的な学びを体験しているはずです。グループ分けの前に、そうした経験、良かったこと嫌だったことを出し合ってみることも意味のあることです。

　グループ活動の利点は何といっても「1＋1＝2」以上になることがあるということです。いろんな考えが飛び交う中で新しい価値が創造され、そして参加者相互にそれぞれ個性の再発見がある。そうしたグループ活動の醍醐味を味わった人も多いと思います。一方で、責任を押し付けられた、やる気のある人ない人の温度差があったなどの経験をした人も多いと思います。良かったことを大切にしながら、嫌だったことにならないようなグループ活動のルールづくり、例えば、意見を出し合うときは必ず全員が発言すること。ただし、発言できない場合は「パス」を認める。役割分担にあたっては、「人におまかせ」ではなく、自覚をもって役割を果たす。「何をやるのか」「誰がやるのか」「いつまでにやるのか」という課題と責任、期限を明確にした誰がいつまでに何をやるのかを明確にする、などが考えられます。

　生徒の役割分担にあたっては、班長の役割は重要です。班長は進行役として議題を出したり、発言を促す、あるいはまとめるなど議論をリードする、すなわちファシリテーター役になります。教員は、班長さんと進捗状況、班の人間関係の把握をふくめ、綿密な打ち合わせが必要です。

（首藤 広道）

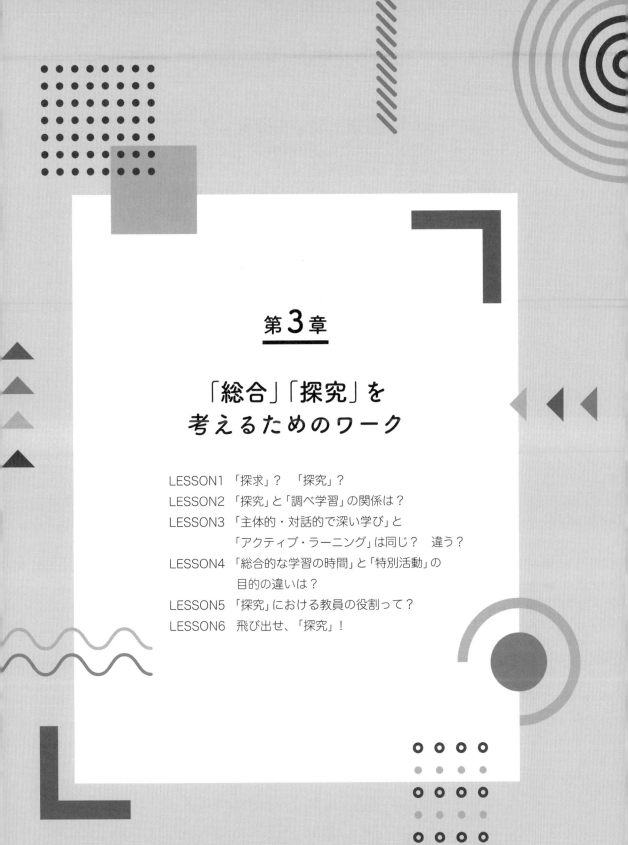

第3章

「総合」「探究」を
考えるためのワーク

「探求」？　「探究」？

①まずはスマホで「たんきゅう」を検索してみよう。

私のスマホで変換すると、1番に出てきたのは
（　a、探求　b、探究　）でした。

②班でシェアしてみよう。

a、探求　（　　　）人
b、探究　（　　　）人

③では、「探求」と「探究」って同じ？　違う？

（1）「探求　探究　違い」で検索してみよう。

（2）いくつものサイトが出てきた。

このうちのどれかを各自で読んでみよう。

ただし、班で調整しあって、メンバー全員が「違うサイト」を読んでみる。つまり、4人班なら4つのサイトを調べることになる。

（3）それぞれ読んだサイトに書かれていることを、班で共有しあおう。

それらを考え合わせて、「探求」「探究」の違いを簡単にまとめておこう。

◆「探求」とは……

◆「探究」とは……

（4）参考までに、

私の班が調べたなかでの「イチオシサイト」は……

これから学ぶのは「総合的な探究の時間」。意識して「探究」しよう。

「探究」と「調べ学習」の関係は？

①ご指摘に感謝！
【LESSON1】のワークを行った際、教員が解説のなかで、こんな発言をした。

> ……単なる講義形式だと、「探求とは○○で、探究とは□□で……」と解説して「ハイ、覚えなさい」だったけど、今回は「探究的要素」を取り入れた授業をしてみました。

これに対し、授業後、Ａさん（「探究」授業に力を入れていた高校出身）から以下の感想（意見）が寄せられた。

> 今回の授業は単なる「調べ学習」であり探究型ではないと思う。将来の教員に間違った認識を与えかねないので再度見直して欲しい。

確かに！　よく言ってくれました。

では、「調べ学習」と「探究」との違いをまとめてみよう。

②「探究」と「調べ学習」はどう違う？

	調べ学習	探究
START	課題を**先生**が決める	課題を ア（　　　　　） が決める
PROCESS	調べる	調べる ＋ イ（　　　　　） する
GOAL	課題に回答する	学びを深める （さらに深い内容の課題を見つける学習が続く）

「調べなさい」と教員が与えたテーマについて調べた時点で、「調べ学習」だ。

③探究における「協働」って？
　一方で、「班で調整しあって、メンバー全員が違うサイトを読んでシェアし共有する」という協働的要素もあった。

「協働的な学び」は、学習指導要領（「総合的な学習の時間」）でも重視されている。
下線部を中心に読んでみよう。

『中学校学習指導要領（平成29年告示）解説　総合的な学習の時間編』第7章第3節の2（下線は筆者）

> 2　他者と協働して主体的に取り組む学習活動にすること
> 　中央教育審議会答申では、主体的に学ぶこと、協働的に学ぶことの意義を説明するに当たり、人工知能にない人間の強みについて以下のように言及している。
> 　「人工知能がいかに進化しようとも、それが行っているのは与えられた目的の中での処理である。一方で人間は、感性を豊かに働かせながら、どのような未来を創っていくのか、どのように社会や人生をよりよいものにしていくのかという目的を自ら考え出すことができる。多様な文脈が複雑に入り交じった環境の中でも、場面や状況を理解して自ら目的を設定し、その目的に応じて必要な情報を見いだし、情報を基に深く理解して自分の考えをまとめたり、相手にふさわしい表現を工夫したり、答えのない課題に対して、多様な他者と協働しながら目的に応じた納得解を見いだしたりすることができるという強みを持っている。」
> 　総合的な学習の時間においては、目標にも明示されているように、特に、異なる多様な他者と協働して主体的に課題を解決しようとする学習活動を重視する必要がある。それは、多様な考え方をもつ他者と適切に関わり合ったり、社会に積極的に参画したり貢献したりする資質・能力の育成につながるからである。また、協働的に学ぶことにより、探究的な学習として、児童の学習の質を高めることにつながるからである。そしてその前提として、何のために学ぶのか、どのように学ぶのかということを児童自身が考え、主体的に学ぶ学習が基盤にあることが重要である。

④まとめると…
　「調べ学習」と「探究学習」の関係は？

調べ学習 ウ（　　　　　　）探究学習

a ＞　　b ＝　　c ＜

「主体的・対話的で深い学び」と「アクティブ・ラーニング」は同じ？　違う？

①「アクティブ・ラーニング」とは？

　教員による一方向的な講義形式の教育とは異なり、学修者の能動的な学修への参加を取り入れた教授・学習法の総称。（中略）発見学習、問題解決学習、体験学習、調査学習等が含まれるが、教室内でのグループ・ディスカッション、ディベート、グループ・ワーク 等も有効なアクティブ・ラーニングの方法である。（文部科学省『用語集』）

②京都教育大学数学科教授の黒田恭史先生はユーチューバー

　長年、学生たちや若手教員の研究授業を見続けてきて、よくある失敗例を5つあげられているのだが、そのうちの1つが、

失敗あるあるその4　「とりあえず話し合い」

> 困ったとき「とりあえず話し合い」に走ってしまい、話し合いをその後の学習にどう活かすのかという授業展開における展望が、ない。
> アクティブ・ラーニングが推奨されているから、とにかく「近所の人と話し合いなさい」「作業しなさい」では、子どもたちが混乱するだけ。

（『算数授業要約ちゃんねる特別編＃4』
　　「研究授業失敗あるある5選」https://www.youtube.com/watch?v=EvHdqn5-Suc）

③文部科学省も「懸念」

〇一方で、こうした工夫や改善の意義について十分に理解されないと、例えば、学習活動を子供の自主性のみに委ね、学習成果につながらない**「活動あって学びなし」**と批判される授業に陥ったり、**特定の教育方法にこだわるあまり、指導の型をなぞるだけで意味のある学びにつながらない授業**になってしまったりという恐れも指摘されている。

○平成26年（※2014年）11月の諮問以降、学習指導要領等の改訂に関する議論において、こうした指導方法を焦点の一つとすることについては、注意すべき点も指摘されてきた。つまり、育成を目指す資質・能力を総合的に育むという意義を踏まえた積極的な取り組みの重要性が指摘される一方で、指導法を一定の型にはめ、教育の質の改善のための取り組みが、狭い意味での授業の方法や技術の改善に終始するのではないかといった懸念などである。我が国の教育界は極めて真摯に教育技術の改善を模索する教員の意欲や姿勢に支えられていることは確かであるものの、これらの工夫や改善が、ともすると本来の目的を見失い、**特定の学習や指導の「型」に拘泥する事態を招きかねないのではないかとの指摘を踏まえての危惧**と考えられる。

（文部科学省「新しい学習指導要領の考え方」（P.21）下線は筆者）

④まとめると…
「A」は、教え方の「方法」「テクニック」的なもの。誤解が生まれないよう、「B」と言い換えるようになった。

A _____

B _____

LESSON4

「総合的な学習の時間」と「特別活動」の 目的の違いは？

○『中学校学習指導要領（平成29年告示）解説 特別活動編』pp.36-37には、以下の記述がある。

（1）特別活動と、総合的な学習の時間の「共通性」
　　・各教科等で身に付けた資質・能力を総合的に活用・発揮しながら、生徒が自ら現実の課題の解決に取り組むことを基本原理にしていること
　　・体験的な学習を重視すること
　　・協働的な学習を重視すること
　　・自己の生き方についての考えを深めること

（2）めざしているものの「違い」
　　特別活動は「実践」に、総合的な学習の時間は「探究」に本質がある。

「めざすもの」
・特別活動において「めざすもの」＝話し合って決めたことを「実践」したり、学んだことを学校という１つの社会の中で、あるいは家庭を含めた日常の生活の中で、現実の課題の解決に生かしたりすること
・総合的な学習の時間において「めざすもの」＝物事の本質を探って見極めようとしていくこと

「解決」
・特別活動における「解決」＝実生活における、現実の問題そのものを改善すること
・総合的な学習の時間における「解決」＝１つの疑問が解決されることにより、更に新たな問いが生まれ、物事の本質に向けて問い続けていくもの。

○『中学校学習指導要領（平成29年告示）解説 総則編』p.67には、総合・探究の「読み替え」について以下の記述がある。

「総合的な学習の時間」と「特別活動」
総合的な学習の時間の実施による特別活動の代替（第1章第2の3の（2）のエ）
エ　総合的な学習の時間における学習活動により、特別活動の学校行事に掲げる各行事の実施と同様の成果が期待できる場合においては、総合的な学習の時間における学習活動をもって相当する特別活動の学校行事に掲げる各行事の実施に替えることができる。

問1　つまり、

a)「総合的な学習の時間」を「特別活動」に読み替えることは可

b)「特別活動」を「総合的な学習の時間」に読み替えることは可

正解（　　　　　）

【参考】「総合的な探究の時間」と「理数探究」
　理数の「理数探究基礎」又は「理数探究」の履修により、総合的な探究の時間の履修と同様の成果が期待できる場合においては、「理数探究基礎」又は「理数探究」の履修をもって総合的な探究の時間の履修の一部又は全部に替えることができる。
　（『高等学校学習指導要領（平成30年告示）解説　理数編』p.55）

問2　つまり、

a)「総合的な探究の時間」を「理数探究」に読み替えることは可

b)「理数探究」を「総合的な探究の時間」に読み替えることは可

正解（　　　　　）

「探究」における教員の役割って？

① 「探究」の究極目標は「教員不要」？

【A 先生】

　私は、探究において、教員が教科を教える「teach-er」でないことが大切だと思っている。「探究においては、何も教えない、教わらない」ということが、自分なりのモットーでもある。
　教員は、生徒に寄り添い、ただおもしろがって伴走する。ときには人生の先輩・サポーターとして、ときには生徒の考えや議論を促すため生徒の傍にいる「オトナ」……この程度と考えてちょうどいいのではないだろうか。

【B 先生】

　最近の「教えることがいけない」ような風潮に異議あり。「教えるべきところは教える」ことは教員の役割だ。「自主性」という名の「ほったらかし」が横行すると、ますます教育格差は拡大する。
　もちろん、「正解は、これ。暗記しておこう」はよくない。でも、議論や考察を深めるための最低限の知識は必要だ。目の前の子どもたちの状況をしっかり把握し、基礎となる知識＝先人が生み出してきた「文化」を適切に伝えることは、世の中にはあふれるさまざまなフェイクを見分ける「目」を育てるためにも、教員にとって必須だ。

どちらかというと、あなたの考えは（　A　・　B　）先生に近い。

理由は？

②教員に求められる力とは？

【ア】に入る語は何だろう？　考えながら次の文章を読んでみよう。

　「（学習指導要領）解説」には「内容の取扱いについての配慮事項」として教員の指導の在り方について記述されている。「課題設定や解決方法を教員が必要以上に教えてしまう」ことを踏まえ、生徒の探究が「自立的な学習」になるよう、また「生徒が自分で課題を発見できる過程を重視すること」を教員に求めている。さらに、求められる「資質・能力」を、他の教科で得られた知見を動員して、調べたことを比較、分類、関連付けるなどの技能を活用して、情報機器も使いながら学びをすすめるとされている。

　生徒が自立的な学習をすすめるためにも、教員が必要な知識を体系的に教えることは必要になってこよう。したがって、教えることを躊躇することはない。適切に判断して教えるべきところは教えることが必要だ。しかし、結論を決めてしまうような教え方、1つしか正解がない場合、それを早々と言ってしまうようなことは避けるべきである。また、生徒の他者性の認識を妨げるような教えや、意見の多様性を担保しない指導も避けなければならない。

　教員の指導性の中でもっとも重視したいのが、教員自身が、生徒が設定した課題に対して、自分の経験知、知見に基づいたステレオタイプの指導観をもたないことだろう。生徒に比して教員は圧倒的な知識量の差がある。そのため生徒が設定した課題に対して、内心「これはこういう問題だな」とストーリーができてしまう。そのため学問的な問いのまえには生徒も教員も対等であるという意識が必要なのかもしれない。自戒を込めて言えば、これまで「総合的な学習の時間」で取り扱ってきたテーマは、あらかじめ結論のわかっている定式化されたテーマをワークシートなどもいれつつ生徒に学ばせてきた側面はなかっただろうか。（中略）

　こうして考えてみると、教員に求められるのは、【ア】の能力であろう。参加者が目的と方法を共有できる場の設定のスキル、できるだけ多くの意見が交流できるよう意見を引き出し、受け止めるコミュニケーションスキル、機を見てあまたの意見を集約して組み合わせる議論の構造化のスキル。そして、異同を「見える化」させ、対立から合意に向かわせる合意形成のスキルである。「探究」での学びは、教員も生徒もこれまでの定式化された学校知や思考の枠組みを実社会に生きる中で生じる問いに照らして今一度批判的にとらえなおし、最適解を求めて生徒とともに一緒に探究していくということである。生徒が自分の意見を主張し、意見交流の中でまた練り直していける協働学習の中で、それぞれのスキルを生徒の実態に応じて発揮させるとき、生徒の探究の学びはより深まるだろう。教員にはそうした構えとそれを実現するスキルが求められているのではないだろうか。

<u>【ア】</u> に入るコトバは……？

・あなたの予想（　　　　　　　　　　　　　　　）

・この班の予想（　　　　　　　　　　　　　　　）

・実際の文言（　　　　　　　　　　　　　　　）

【資料提供】宮崎県立飯野高校　梅北瑞輝氏

教員にとってバッチリな探究（先生主導）

〇教員が用意した枠内

〇完璧なスケジュール

〇探究の時間内での活動

・・・・

先生が視座を変えると生徒が変わる！

指導　　→　×　　　伴走　→　〇

LESSON6

飛び出せ、「探究」！

<資料1>は、2022（令和4）年12月に行われた、北海道浦河高校の発表会で、生徒（2年、3年）たちが発表した事例の抜粋である。

同校の発表会会場には保護者だけでなく、町の議員や役所の方ほか、町内さまざまな方が訪れ、生徒たちの話に耳を傾けていた。

同校の「探究」授業には町の多くの方々が協力し、生徒たちは当たり前のように学校から飛び出し、体当たりでインタビューや調査を行っている。

<資料1> 2022（令和4）年 北海道浦河高校「学習成果発表会」 発表より（抜粋）

	発表タイトル	取材、調査、協力提携先
1	ぐるぐる回る〜我らの水〜	水質専門企業
2	正しく歯を磨いて健康に過ごそう	町内の歯医者さん5軒
3	地元の魅力　つぶ飯プロジェクト	観光協会、役場、飲食業料理長、米販売会社
4	『覚える』から『考える』へ	町内小学生向けアンケート、小学生
5	みんなで学ぼう！べてる広報部	全生徒、保護者、べてるの家
6	Protect from Disaster	町議会議員、地域おこし協力隊員、在住外国人
7	サットサンガ	JICA、日印協会、在住外国人
8	Atui-action で町も海も豊かに	海上保安署、実地（海岸）調査

一方、ある学校で「探究」を担当しているA先生が嘆いている。

「もう、いやになっちゃう。ウチの学校の生徒たちって「探究＝ネット検索」だと思い込んでて、お手軽にちゃっちゃとコピペしてくるだけ。アンケートとるにしても、クラスの中だけで意見きいて「ハイ、調査しました」。

探究ってもっとダイナミックにやれるはずなのに……」

さあ、悩めるA先生にどんなアドバイスができるだろう。ちなみに、A先生の学校で生徒に示している「探究プロセス」の手順表は右記 <資料2>。浦河高校の「探究」例も参考に、考えてみよう。

<資料2>
A先生勤務校での「探究」手順

探究プロセス（手順）

①課題設定（テーマ）

②設定理由

③仮説

④調査

⑤まとめ（結論）

⑥参考文献

問1) <u>＜資料2＞</u>の「④調査」の部分で考えられるものは、「ネット検索」「友だちアンケート」以外に何があるだろう。

問2) 「ネット検索」と「友だちアンケート」オンリー状態の生徒たちに、どんなアドバイスができるだろう。もしくは、生徒に示す「プロセス手順」（左記 <u>＜資料2＞</u>）にどんな加筆をしたらいいだろう。

（本章担当　佐藤　功）

第4章

さあ、「探究」の授業を
つくってみよう

1 実施要項（指導案のようなもの）をつくる
2 ワークシートや学習記録用紙を用意する
3 生徒に必要なガイダンスやレクチャーを考える
4 ふりかえりを想定する

「探究」とは、課題設定を行い、自らが決めたテーマについて、さまざまな手法で調査を行い、集まった情報を整理・分析して、アウトプット（発表）することです。一連のプロセスを振り返り、さらに「探究」を深めていくことが「学び」です。

1　実施要項（指導案のようなもの）をつくる

・目的
・内容
・全体の流れ（必要な時間数）
・評価の観点
・形式（個人探究かグループ探究か）
・担当者と役割（担任かクラス解体か授業担当者か）
・生徒へ必要なガイダンスやサポート
これらのことを考えながら、以下のように要項に記載していく

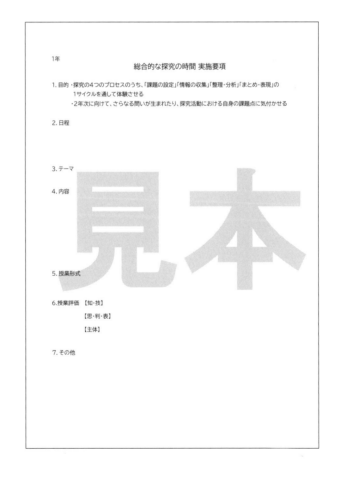

例

　クラスを解体して、生徒の希望に合わせて、同じテーマごとに集まったグループでの探究学習について取り上げます。課題の特性によって組み直した「ゼミクラス」でガイダンスを受け、学校を離れて外部へ情報収集に行きます。「ゼミクラス」でブラッシュアップしていき、模造紙に発表内容をまとめ、掲示しながらポスターセッションを行う一連の学習の要項例が次の通りです。

目 的

・課題設定から発表までを通して、課題探究のノウハウを経験する
・クラス・担任を解体し、自分たちのグループ内で自らの役割を自覚し、行動する
・インタビューやアポイントメントの取り方などの方法論を学び、外部との協力をはかる

1、評価の観点
　　【知・技】探究の意義や価値、流れを理解しているか
　　【思・判・表】情報収集のあり方や模造紙の見やすさ、プレゼンの完成度
　　【主体】グループで協力して主体的・協働的に取り組もうとしたか
以上の3点について、ABCの3段階で評価する

2、全体の流れ
　　第1回　全体オリエンテーション　→　テーマ選び　→　グループ結成・課題設定
　　第2回　ガイダンス、役割分担　　　この時間から、ゼミクラスで探究
　　第3回　情報収集（2時間枠）
　　第4回　情報の整理分析、スライド作成（2時間枠）
　　第5回　ゼミクラスで発表　→　HRクラスで発表
　　　　　　ポスターセッションと評価、ふりかえり

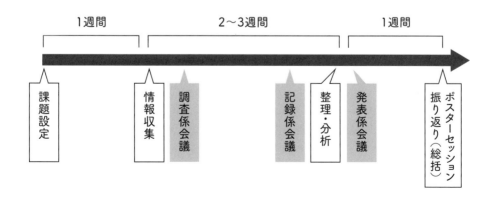

3、生徒の役割
　　リーダー：全体のスケジュール把握
　　調査係：アポ取り、質問項目などインタビュー準備
　　記録係：学習記録用紙の記録
　　発表係：スライドの準備、ポスターセッションの進行
それぞれ係会議でレクチャーがあるので、必ずグループ内で共有すること。
もちろん係に人に任せきりにせず、グループで協働しながら探究を進めていくこと。

4、ポスターセッション
　　模造紙を壁に貼り出し、その前で他の生徒に学んだことを伝える。
　　他の生徒は自由に移動し、発表を聞き、質問や講評を行い、意見
　　交換する。数分ずつに区切って、数セッション繰り返す。
＊教室や体育館によってポスター（模造紙）の数は調整可能
　　　　　　　　　　　　　　　　　　　　　例）10枚の場合

　探究の「プロセス」を体験し、サイクルを回す中で、どこに力点を置くのかによって、学びの質は異なります。

　例えば、「課題設定」を教員主導で行う、いわゆる与えられたトピックやテーマから設定する場合と、自らの好奇心や疑問を大切に生徒主導でイチから設定する場合では、どこにどの程度の時間を設定するかは変わってきます。学校独自のカリキュラムに沿って、学校や自治体の課題という大きな縛りから選ばせたり、または社会問題や地球的課題から問題解決型で考えさせたり、日々の疑問や、生き方や進路に関わって自らの中から「問い」が生まれてきたり、「課題設定」といっても何時間もかけて授業展開する形式もあるでしょう。

　次に、「情報収集」では、ネット検索や先行文献だけでなく、実際に校外に出て、"リアルと出会う"ことを必須とすることもできます。その場合、どこの施設を訪ねるのか、誰にインタビューするのかなど、訪問先を決めたり、アポイントをとる方法を伝えるなどのサポートも必要となります。時には、担当者や校長名の書かれた依頼文が必要なときもあるでしょう。

　「分析・整理」の段階では生徒が集めてきた情報については、何が足りていないのか、どのように分析できるのか、どういう整理をするとどういう意味付けになるのかなど、教員がアドバイスしたり、生徒の新しい気付きになるようサポートしたりする時間が必要です。集まった情報だけで簡単に「解決」していかないような声掛けが、その後の発表にも影響するでしょう。

　最後に、「まとめ・表現」の方法はたくさんあります。プレゼンやレポート、動画作成など、どの手法を使うのかは、教員が決める場合と、生徒に委ねる場合があります。時間数や場所の確保など物理的要因もあります。そして発表して終わりではなく、アウトプットする中で、さらなる疑問が浮かんできたり、質問されても答えられなかった問いなどをさらに深めていくために、今までの振り返りが重要となります。取り組みの見直しや自身の学びについての振り返りを経て、

改善点を次の探究へ活かすことでより深い探究へ進みます。また、教員からや、生徒同士のフィードバックも有効となります。アウトプットして終わりとしないように、次のサイクルへつなげましょう。

「課題設定」「情報収集」「分析・整理」「まとめ・表現」で、教員が枠組みやルールを設定した上で、どの程度、生徒に自由度を持たせるのかによって、具体的な指導方法は異なってきます。それらをまとめて、実施要項を作っていきましょう。

2 ワークシートや学習記録用紙を用意する

どんな探究にも万能なワークシートはありません。必要に合わせて、以下のような項目を設定していきます。
- ・スケジュール
- ・役割分担
- ・次回までの課題

どんな項目を設定するのか、何を記録しておくことが生徒にとって有効なのか、また教員が助言する際に知っておきたい内容などを見通し、ワークシートを用意しましょう。同様に、探究のプロセスを記録するためのシートがあれば、取り組みの経過がわかり、ふりかえりの際に役立ちます。1人1台端末を利用して、デジタルデータで用意することもあり得るでしょう。データを共有することで、他グループの参考にもなります。

例

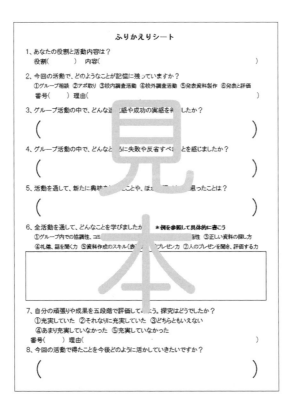

3 生徒に必要なガイダンスやレクチャーを考える

　まずは「課題設定」をどのように指導するのかがスタートとなります。『なんでもいいから、「問い」を見つけ、課題を設定してみなさい』と言っても、何も浮かばない生徒も存在します。本書でもいくつか例を挙げていますが、課題設定をするための多様なワークショップがあります。どんなやり方が適切で、生徒や授業者に合っているのかを模索してみてください。

　全体を通して、どこまで細かな指導が必要なのか、「手取り足取り」となりすぎて、かえって生徒の成長を阻害していないか等に注意しながら、実情や状況に合わせた補足を入れます。例えば、教員が生徒を指導する際に使える資料には、調査する手法、校外へのアポ取り、発表の仕方などがあります。他に、班長会議など係会議のレジュメや発表時の評価シートなどもあります。例えば、調査係会議では、調査の鉄則・校外調査の注意・礼状の書き方などがあり、発表係会議では、模造紙の魅せ方・発表の極意などがあります。ただ、ガイダンスやレクチャーをどのタイミングで出すかも重要です。最初からすべてを出し切ってしまわずに、生徒の進捗を見ながら、必要に応じて使えるものを考えてみましょう。

　ハウツー的なガイダンスをプリントにして、レクチャーする方法もありますが、一方で、生徒の取り組み状況を見つつ、そっと寄り添いながら、生徒主体で探究が行えるよう適度な距離感を保った指導が必要です。情報の過不足はないか、課題としている内容が抽象的でないか、インタビュー項目は事前調べでわかる範囲になっていないか、生徒の役割分担は公平であるかなど、教員はたまに口を挟みつつも、指導をし過ぎることのないよう気をつけましょう。

　当然ながら、技術面でのフォローも必要ですが、一方で、人間関係作りや精神的なサポートが必要になってくる可能性もあります。臨機応変で多様な役割が教員には求められます。

4 ふりかえりを想定する

　探究では、「アウトプットして終わり」ではありません。次の探究サイクルにつないでいくために、探究のプロセスをふりかえり、学びを総括する必要があります。実施要項を作り、ワークシートなどを用意し、ガイダンスなどを考えて、生徒の探究が進んでいくと、つい忘れがちになってしまいます。ふりかえりまで想定しましょう。

　さあ、あなたなりの「探究」の授業を作ってみましょう！

（本章担当　榎原　佳江）

「正解のない課題」に対峙するにあたり、自戒をこめて

　本書は、やがてこれから中学校「総合」や高校「探究」を受け持つ学生さんたちを念頭に、それぞれ学校現場で10年以上のキャリアを持つ教員たちが、自分の実践を持ち寄り、議論しあいながら作成しました。

　著者間でもさまざまな考えがあるトピックや使用している用語の定義が違うこともいくつかありました。考えが分かれる点は、本書内でもそのとおりに述べ（文責は各執筆者）、読者である学生諸氏の判断を仰いでいます。大声で（端から見たら罵り合っている？かのような）議論を行ったうえでの各文章ですが、「最低限、ここまでは言えるね」との「一致点探し」を、常に追求してきました。

　そんな多様な考えをもつ筆者間で確認しあえる「一致点」の1つが、「『学習指導要領に書いてあるからこれが正解です』的な教え方を、自分自身もしてしまいがち」ということです。これからさらに混沌必至な世の中において正解のない課題に立ち向かう力を養うためにも、「○○が言っているから正解だよ」というような"絶対的真理"はあり得ません。

　「（子どもたちを誘導するように作られた教科書をそのまま使ってしまうと）一人ひとりの児童生徒が自分自身の答えをつかみとるのではなく「考え、議論する授業」が外から与えられた答えに自分を同化させていくプロセスになってしまう（中略）子どもたち自身に議論させてはいるが、それは結局子どもたち自身が納得したうえで、あらかじめ設定された一つの価値観念に到達するよう誘導されてしまう」

　「極めて悪質かつ危険なアプローチ」「子どもたちへの洗脳行為」とまでの強い言葉を使って、学習指導要領と道徳の教科書との関係について批判しておられる方は誰か？

前川喜平氏──かつて文部科学省で事務方トップの次官を務めた方ご自身が、退任後、猛烈な指導要領批判をされているのです（前川喜平ほか『同調圧力』（2019角川新書）pp.112-113、下線筆者）。

　「教科書」として作成した本書ですから、先人たちの知見を集め作成された指導要領に書かれた必要事項もしっかり記載しています。が、最近、学校教育のいくつかの場面で、「多様性が必要」「正解のない問い」などが強調されながら、「でもこの部分に関してはこれが唯一真実です」的な上意下達アンタッチャブル指示に出会うことがあります。指導要領に限らず、「○○を批判的に読み解く力」は、今後さらに必要となります。決して思考停止に陥ることなく、批判的思考を持ちながら読み解いていただきたいと、切に願っています。

　当初、気になる発言をしていた子どもが、授業で学び納得して教員の意図と同様の発言をしたとき、「やっと通じた。理解してくれた」とうれしく感じます。「気持ちがいい」瞬間でもあります。
　しかしそのとき、「もしかしたらうまく丸め込んだだけではないの？」という「子どもたちへの洗脳不安」が頭によぎるよう、常に謙虚さを忘れずにしたいもの。

　これからも皆さんと一緒に、新たな問いをさらに見つけ、取り組み、成長したいと、著者一同、心より願っています。

2023年3月

著者を代表して

佐藤　功

著者紹介

（執筆掲載順）

....

【編集】佐藤　功（さとう・いさお）　大阪大学元教授、一般社団法人NEOのむら理事
はじめに*、2章Ⅰ、Ⅴ、3章*、おわりに*　担当

札埜 和男（ふだの・かずお）　龍谷大学文学部准教授
1章1、コラム5　担当

首藤 広道（しゅとう・ひろみち）　大阪府立高校教諭
1章2、2章Ⅳ、コラム2、6*　担当

小川 未来（おがわ・みき）　大阪府立高校教諭
2章Ⅱ、コラム3　担当

杉浦 真理（すぎうら・しんり）　立命館宇治高校教諭
2章Ⅲ、コラム1　担当

福野 勝久（ふくの・かつひさ）　大阪府立高校教諭
2章Ⅵ*　担当

榎原 佳江（えのきはら・よしえ）　大阪府立高校教諭
4章*、コラム4　担当

（＊印は本書での書き下ろし原稿）

はじめてつくる「探究」の授業

「総合的な学習・探究の時間」を極めるためのワークシート

| 発行日 | 2023年3月31日　初版第1刷発行　〔検印廃止〕 |
| | 2024年10月1日　初版第2刷発行 |

編著者　　佐藤　功

発行所　　大阪大学出版会
　　　　　代表者　三成賢次
　　　　　〒565-0871
　　　　　大阪府吹田市山田丘2-7　大阪大学ウエストフロント
　　　　　電話：06-6877-1614（代表）　FAX：06-6877-1617
　　　　　URL　https://www.osaka-up.or.jp

印刷製本　　株式会社 遊文舎